Joaquín Díaz y Luis Díaz Viana

Romances Tradicionales de Castilla y León

Madison, 1982

Spanish Series, No. 7
Copyright © 1982 by
The Hispanic Seminary of
Medieval Studies, Ltd.

ISBN 0-942260-22-8

CONTENIDO

PROLOGO

En esta colección de romances de Castilla y León, hemos querido presentar una muestra variada de la tradición romancística aún vigente en nuestras tierras. No supone una recopilación exhaustiva de los romances que todavía se cantan en ambos reinos, sino una breve selección del material que hemos recogido en algunas de sus zonas. La presente obra viene a completar, en este sentido, nuestra labor iniciada hace unos años de recolectar y divulgar el Romancero oral de la provincia de Valladolid[1]. A ciertas versiones recogidas en dicha provincia—y que hasta ahora no habíamos publicado— añadimos para este trabajo muestras de Zamora, Palencia, y Santander.

Pensamos que todos los romances aquí contenidos ofrecen interés; bien por tratarse de temas ya clásicos, como "Delgadina," "La doncella guerrera," "Gerineldo," o "El conde Olinos"; bien por constituir ejemplos romancísticos poco difundidos dentro de la tradición oral. Tal es el caso del romance de "Don Pedro" ("La infantina"), que en nuestra lección se halla unido al de "Don Bueso." Especialmente curioso es el grupo de composiciones recopiladas en la zona de

Sanabria, por los aspectos peculiares de su lenguaje y por la arcaica belleza de sus textos.

Cabe puntualizar que algunos "informantes" de los que hemos tomado estas versiones, eran verdaderos "romancistas," especializados de algún modo en la conservación y fidelidad interpretativa de los viejos romances. Gran parte de las lecciones de Zamora nos fueron comunicadas por don Manuel Prada, ebanista y gaitero de Santiago de la Requejada, quien explicó así cómo habían llegado a su conocimiento: "Estos romances fueron aprendidos cuando yo tenía doce años que los cantábamos cuando teníamos que ayudar a nuestros padres, y así, segando y cantando se marchaba la perra que le entraba a uno con el mucho calor. También se cantaba en las majas cuando se tendía la paja para sacarle el grano a golpes con el manal." Otro gaitero, Julio Prada, de Ungilde, interpretó la "Doncella guerrera" cantando al mismo tiempo que hacía sonar la gaita, gracias al "fole" de gran capacidad que le permitía almacenar aire suficiente como para decir un verso, o hasta dos secuencias, mientras la gaita resonaba.

En Valladolid, y por orden de edad, fueron los informantes: Eusebia Rico Vicente, de 94 años, nacida en Nava del Rey y criada en Rueda; de niña cantaba y tocaba la pandereta, "profesionalmente" diríamos, cobrando una peseta por sesión; parte de su repertorio lo aprendió del "Tío Basilio," coplero ambulante de fines del siglo pasado que vendía e interpretaba sus romances por todas las ferias de la comarca.

Julia Campo Escolar, de 82 años, nacida en Campaspero, aprendió los romances de sus padres y abuelos, heredando así una veta muy antigua y rica, conservada tradicionalmente.

Amalia Gómez, nacida en la Overuela, y después residente en Cabezón y Carpio, aprendió los romances de su familia que, dos generaciones antes, había llegado a Cigales procedente de La Montaña. Junto a composiciones romancísticas, nos relató cuentos y leyendas de notable interés.

Teodosia de los Ríos Conde, de 73 años, nació en Pesquera de Duero. De niña, seguía a los ciegos cantores por todo el pueblo hasta que aprendía las historias que aquellos cantaban, pues sus recursos no alcanzaban para comprar el pliego.

Gregoria Escolar, la más joven de nuestras informantes, aprendió los romances de su madre y de su abuela en Cogeces del Monte. De una extraordinaria memoria, nos interpretó más de quince romances, en su mayor parte de altísima calidad.

En Palencia las más destacadas informantes fueron Constantina García, cantora en la iglesia de su pueblo hasta los 54 años, y Petra Gómez, de Cervera del río Pisuerga, quien aprendió los romances, de niña, mientras hombres y mujeres cardaban la lana acompañándose de viejos cantos.

Finalmente, Catalina Jorrín, de Santander, conoció los romances que ahora canta, en las veladas que reunían alrededor de la trébede a ancianos y jóvenes durante las largas noches de invierno.

Algunos textos más ("Romance de bodas," "Los Reyes," y "Delgadina") nos fueron cantados por grupos de personas, habituados a interpretar colectivamente tales temas. Mencionaremos también a Rosa Martín, nacida en Tudela de Duero, que nos comunicó fundamentalmente composiciones del Romancero infantil.

En su conjunto, la colección presente pone de manifiesto el valor intrínseco—estético y cultural—de los romances tradicionales de Castilla y León. Se ha hablado mucho sobre el Romancero oral: se ha especulado a menudo con los textos ya conocidos para rellenar lagunas del Romancero literario, o para realizar complejos estudios lingüísticos; sin embargo, pocas encuestas recientes han sido efectuadas, y muchas áreas—en especial de Castilla—permanecen casi inexploradas. Es necesario, sin duda, revisar el enfoque de los estudios sobre la tradición oral, afrontando su problemática peculiar y analizando con métodos adecuados los factores sociales y psicológicos que han contribuido a configurar su forma actual.

Esta colección es una pequeña aportación, un primer paso, en el amplio camino que debe ser recorrido. Urgen nuevas recopilaciones de romances tradicionales, pues poco a poco estos tesoros de nuestra cultura popular van desapareciendo de las zonas rurales en donde mantenían su importancia y su funcionalidad.

Es preciso recoger las composiciones que aún se cantan, y, si es posible, infundir, mediante su divulgación, nueva savia al ancestral árbol de la tradición.

Joaquín Díaz
Luis Díaz Viana.

[1]Encargado por la Institución Cultural Simancas de la Diputación Provincial de Valladolid, realizamos el Romancero de esta provincia, trabajando en equipo con José Delfín Val. Seis de las versiones de este libro fueron recopiladas en colaboración con él.

1. LA RUEDA DE LA FORTUNA

Oh rueda de la fortuna,
oh de la fortuna rueda,
con vuelta y media que diste
me trajiste a esta tierra.
No me pesa el haber venido
ni tampoco el estar en ella,
que he visto la mejor dama
que crió Naturaleza.
Viérala estar en un balcón,
muy adornada y compuesta;
de rosas y clavelines
tiene su maceta llena.
Yo atrevíme y pedíle uno,
un clavel de su maceta.
La dama me contestó
diciéndome de esta manera:
—Mira; mira el picarillo
cómo pide sin vergüenza.
—No se extrañe la señora,
que es estilo de mi tierra,
los galanes como yo,
el pedir a las doncellas.
Ellas nos dan a nosotros
y nosotros damos a ellas;
ellas nos dan los pañuelos,

y nosotros zapatos y medias.
Sacó con sus manos blancas
del estuche unas tijeras,
cortó un clavel y besólo,
y dijo de esta manera:
—Lo que este clavel te da,
el alma y la vida te diera;
también te diera mi cuerpo
si necesario te fuera.
—Yo le temo a su marido
que es hombre de gran fuerza.
—Mi marido anda en el campo
recogiendo sus haciendas,
que las heredó de sus padres
y no es razón que las pierda.
El pensamiento dice al marido:
"Vete a tu casa y no duermas
que tienes una mujer
que te hace muchas ofensas;
de día te la rondan
y de noche duermen con ella.
Deja la mula que corre
y coge el caballo que vuela;
Deja los anchos caminos
y coge las estrechas sendas,
de noche por los caminos
y llegarás pronto a tu tierra."
Al llegar al palacio
luego vio mala seña:
sus puertas las vió cerradas

y siempre estaban abiertas.
Varias vueltas da al palacio,
por dónde entrar no encuentra,
con la punta de su espada
hace un agujero y entra:
—También entra mi caballo
si le tiro de las riendas.
Vió una vela encendida
al subir de la escalera.
—¿Qué difunto hay en casa
que se alumbra con cera?
Se fuera derecho a la cama
por ver quíen está en ella
viera al galán con su dama
durmiendo a pierna suelta.
Desenvaina su espada,
un gran tajo a él le diera.
Se dirige a su mujer
diciéndole de esta manera:
—Dime, infame mujer,
¿por qué me haces esta ofensa?
Si lo haces por dinero,
¿no lo tienes en la cartera?
Si lo haces por falta de hombre,
escríbeme una esquela.
Di la confesión, traidora;
di la confesión, perra.
Al decir "Señor, pequé,"
el corazón la atraviesa.
Echara el pregón por el mundo

diciendo de esta manera:
"No os fiéis de las mujeres,
que no hay una buena."

Cantó en Santiago de la Requejada
(Zamora), don Manuel Prada, 73 años.
Recogida el 6-XI-75.

Existe una actitud tradicional ante el problema del adulterio
que dista mucho de reflejar la tomada por los moralistas o juristas.
A pesar de las consideraciones de éstos hacia el hecho (o quizá por
ello mismo), el tema ha gozado de una tremenda popularidad en
todas las culturas y países, y a través de todos los tiempos. Prueba
de esto es la vigencia que sigue teniendo en el Romancero y en los
Cancioneros populares. "La rueda de la fortuna" procede de la
unión de dos romances: "Los requiebros" y "La adúltera." El
primero de ellos comienza con la alusión a la Rueda como
originadora de las circunstancias que marcan el destino de los
hombres. Sus dimensiones serían cósmicas, y una vuelta significaría
el cambio de suerte en el ciclo del universo. En casi todas las
versiones peninsulares que hemos consultado, se produce la fusión
de ambos romances. Como se podrá comprobar, el personaje que
comienza relatando la acción de un modo casi teatral, muere
después a manos del marido ofendido, quien toma el relevo en la
narración una vez que se ha saciado con la terrible venganza.

Las historias de adulterio y engaño terminan por lo general de
esta forma trágica en el romancero tradicional. El tema del
honor[1]es tratado con una perspectiva ejemplificadora: Los adúlteros
suelen ser castigados con la muerte, y el marido ultrajado, al ver
satisfecho su odio, siente, en cierto modo, reparado su buen
nombre.

2. DON PEDRO

A cazar iba don Pedro,
a cazar a donde solía
donde cae la nieve a copos,
el agua serenita y fría.
Los perros lleva cansados
y él, cansado también iba:
los perros lleva cansados
de subir cuestas arriba.
Escurecióle en un monte,
en una oscura montina;
arrimóse a un duro tronco
hasta que venga el día.
A aquello de media noche,
alzara los ojos arriba;
en la ramita más alta
viera estar una blanca niña.
—¿Qué haces ahí, la blanca?
¿Qué haces ahí, la niña?
—Estoy cumpliendo una promesa
que me ha hecho mi madrina;
hoy se cumplen siete años,
mañana, siete y un día.
—Baja de ahí, la blanca,
bájate de ahí, la niña,
bájate de ahí, la blanca,

no me hagas subir arriba.
Bajara de caña en caña,
parece una golondrina.
—¿Tú quieres ir en ancas?
¿Tú quieres ir en silla?
—En ancas, caballero,
que es tu honra y la mía.
En el medio del camino,
se echó a reír la niña.
—¿De qué te ríes, la blanca?
¿De qué te ríes, la niña?
—Me río del caballero
y toda su cortesía.
—Vuelta, vuelta mi caballo
en busca de la espada mía.
—No des vuelta, caballero,
si tu espada es de acero,
de oro mi padre te daría.
—¿Quién es ese tu padre
que tanto oro tenía?
—Mi padre es el rey
de las dos Castillas.
Al llegar al palacio
la apea con toda cortesía:
—Albricias, la mi madre,
albricias, la madre mía,
creí traer a mi mujer,
y traigo a una hermanita mía.

Cantó en Santiago de la Requejada (Zamora), don Manuel Prada, 73 años. Recogido el 6-XI-75.

En nuestro texto, se unen los romances de "La infantina," "El caballero burlado," y "Don Bueso." El primero de ellos, es, para Menéndez Pidal, una composición "singularísima por su elemento maravilloso de encantamientos y hadas, extraño en general al resto de nuestro romancero."

Menéndez Pelayo, al comentar una versión asturiana de este romance en su *Antología de poetas líricos*,[2] opina, en contra de Agustín Durán, que consideraba este tema como de origen francés, que la versión estudiada "ofrece notables vestigios de antigüedad respetable" y da a entender que si la leyenda se originó en la literatura caballeresca, tomó carta de naturaleza en Castilla y Portugal.

Nuestro ejemplo se asemeja bastante al romance que comienza "De Francia partió la niña," del *Cancionero de Anvers*. En él se funden, como en el presentado de Zamora los temas de "La infantina" y "El caballero burlado."

Son abundantes las composiciones que tratan parecida historia en algunas zonas de Francia e Italia como Normandía, Borgoña, Provenza, Champagne, Metz y el Piamonte.

3. EL MARINERO

Voces daba el marinero,
voces daba que se ahogaba;
respondiérale el demonio
al otro lado del agua:
—¿Cuánto das tú, marinero,
a quien te saque del agua?
—Yo te diera mis navíos
cargaditos de oro y plata.
—Yo no quiero tus navíos
ni tu oro, ni tu plata;
quiero que cuando te mueras,
me des parte en el alma.
—Mi alma no te la doy,
me la dio Dios prestada.
Hace testamento, burro,
hace testamento y manda,
la cabeza dejo a las hormigas
para que hagan su morada;
los ojos dejo a los ciegos
para que vean por donde andan;
las orejas dejo a los sordos
para oír cuando les llaman;
la nariz dejo a los perros
para que sigan la caza;
los dientes dejo a los viejos

para roer las cucharas;
la lengua dejo a los mudos
para decir las palabras;
los brazos a un campanero
para repicar las campanas;
las tripas a un guitarrero
para cuerdas de guitarra;
las piernas a un cojo
para hacer su jornada;
el resto de mi cuerpo
a los pescados del agua.

Cantó en Santiago de la Requejada
(Zamora), don Manuel Prada, 73 años.
Recogido el 6-XI-75.

Es un romance de carácter mágico y misterioso, muy bello dentro de su sencillez formal. Un marinero pide auxilio para no perecer ahogado y nadie le contesta. Sólo el demonio acude a su llamada, pero antes de salvarle, pregunta qué ofrece a cambio de su vida. El marinero le ofrece su mujer, sus hijas, sus riquezas. . .pero lo que el demonio desea es su alma. Las variantes entre las diferentes lecciones de este tema fáustico son leves. En algunos casos, el diablo aparece "en una oscura montaña" (matiz que acentúa el carácter misterioso de la narración); en otros es "al lado del agua," o "al otro lado del agua," donde aparece, marcando así la separación entre la zona de muerte en que se debate el marinero y la de vida representada por el demonio. En nuestra versión el diálogo continúa con la respuesta del marinero y el testamento, cuyo contenido, más intrascendente, parece pertenecer en realidad a otro romance. También es frecuente que la tradición nos ofrezca el texto de "El marinero" como resolución del "Romance de Santa Catalina":

La rueda ya estaba hecha
Catalina arrodillada.
Al subir Catalinita,
cayó un marinero al agua:
—¿Qué me das, marinerito,
por sacarte de ese agua?

4. ISABEL (RICO FRANCO)

En Madrid hay una niña
que la llaman Isabel,
que no la daban sus padres
ni por ningún interés.
Una noche la jugaron
a la flor del treinta y tres;
le ha tocado a un rico mozo,
rico mozo aragonés.
Para sacarla de casa
mató a sus hermanos tres,
y a sus padres prisioneros,
prisioneros les dejé.
En el medio del camino
ya lloraba la Isabel:
—¿Por qué lloras, vida mía?
¿Por qué lloras, la Isabel?
—No lloro por mis hermanos
ni por ningún interés,
yo lloro por una pera
que vengo muerta de sed.
Dame tu puñal dorado.
—No me has dicho para qué.
—Para partir una pera
que vengo muerta de sed.
El se lo daba a derechas,

ella lo cogió al revés;
le cortara la cabeza,
se la pusiera a los pies:
—Tú mataste a mis hermanos,
yo a tí también te maté,
y ahora lloro por mis padres
que pronto les soltaré.

> Cantó en Santiago de la Requejada
> (Zamora), un hijo de don Manuel
> Prada llamado Severiano. Recogido el
> 20-VIII-73.

El tema de la venganza de la honra ofrece varios ejemplos de interés dentro del Romancero tradicional. Entre ellos, este de Isabel nos presenta, en versión infantil y muy popularizada, una de las muestras más antiguas, pues proviene del viejo romance de "Rico Franco."

Esta historia aparece también, con algunas diferencias, en canciones de Francia, Escocia, Inglaterra, Alemania, Holanda, Islandia, Dinamarca, Noruega, Polonia, etc. Por lo general, en la mayor parte de las composiciones no hispanas sobre este tema, el raptor es un seductor y asesino de mujeres, al cual la muchacha mata astutamente; sin embargo, en nuestro romance aparece como un jugador que gana a la doncella y, al no ser entregada ésta por sus padres y hermanos, les da muerte.

En las versiones infantiles del romance se aprecia una marcada actualización de algunos elementos. Ha desaparecido el carácter caballeresco y casi épico del primitivo "Rico Franco," y se han efectuado algunas transformaciones en detalles y personajes.

El tema de Isabel se encuentra unido, a veces, con el de "Dónde vas Alfonso XII," e incluso (tal vez favorecido por la idéntica rima) con el de "La ausencia."

5. *LA DONCELLA GUERRERA*

En Sevilla, a un sevillano
siete hijos le dió Dios,
y tuvo la mala suerte
que ninguno fué varón.
La más chiquitita de ellas,
la llevó la inclinación
de ir a servir al rey
vestidita de varón.
—No vayas, hija, no vayas,
que te van a conocer;
tienes el pelo muy largo
y dirán que eres mujer.
—Si tengo el pelito largo,
madre, córtemelo usted,
y con el pelo cortado
un varón pareceré.
Y al subir al caballo,
la espada se le cayó;
por decir "maldita sea"
dijo "maldita sea yo."
Siete años estuvo en guerra
y nadie la conoció,
solamente el hijo del rey
que de ella se enamoró.

Cantó en Ungilde (Zamora) don Julio
Prada, 60 años. Recogido el 7-XI-75.

Canciones de parecido tema se encuentran en toda la Europa
meridional latina, y, fuera de ella, en Grecia y Albania; también
entre los sefardíes del norte de Africa, de Oriente y de Israel,[3]
existen versiones de un tronco común. El romance en concreto se
conoce en toda la Península, y se escucha desde Portugal a
Cataluña, a veces, escudado tras la forma sencilla de una canción
de corro. El romance de "La doncella guerrera" ya era popular en
el siglo XVI, y aún hoy día es uno de los más difundidos y
cantados.

Respecto al posible origen de esta composición, opinaba el
Conde Nigra—basándose en la semejanza de versiones francesas e
italianas—que unas y otras procedían de un tronco único.
Pretendía buscar la fuente primaria del mismo en Provenza,[4] de
donde habría pasado después a las penínsulas itálica e ibérica. No
obstante Menéndez Pelayo puntualiza a este respecto, que más
verosímil sería buscar el origen en la Francia del norte que en la
Francia meridional, sin que por eso neguemos que pudo haber una
versión provenzal intermedia. Pero es cierto que ni la (versión)
catalana, ni la portuguesa se derivan de ella."[5] Algunos críticos
dicen que esta historia se difundió probablemente por Europa en
tiempos de la primera Cruzada.

G. Margouliès, en un artículo de la *Revue de littérature
comparée*,[6] descubre una semejanza, para él asombrosa, entre este
romance español y un antiguo poema chino en el que la doncella,
como en el nuestro, quiere marchar a la guerra como soldado ya
que ninguno de los hijos de la familia ha sido varón.

6. DELGADINA

Un rey tenía tres hijas,
todas tres como la plata,
y la más pequeña de ellas
Delgadina se llamaba.
—Delgadina, Delgadina,
tú has de ser mi enamorada.
—No lo quiera el Dios del cielo
ni la Virgen soberana:
ser yo mujer de mi padre;
de mis hermanos madrastra. . .
La metió en un cuarto oscuro,
no la da de comer nada;
la bebida que la daba
era agua de bacalada.
Delgadina, con gran sede,
se asomara a la ventana
y viera a sus hermanos
jugando en juego de plata:
—Hermanos, si es por cierto,
dadme una jarrita de agua.
—No te la doy, Delgadina,
que tiene padre jurado
a la punta de la espada   .
que si te la diera a tí,
la cabeza me cortara.

Delgadina, con gran sede,
se ha asomado a otra ventana;
viera estar a sus hermanas
bordando paños de holanda.
—Hermanas, si es por cierto,
dadme una jarrita de agua.
—No te la doy, Delgadina,
que tiene padre jurado
a la punta de la espada,
que si te la diera a tí,
la cabeza me cortara.
Delgadina, con gran sede,
se ha asomado a otra ventana;
viera estar a su madre
sentada en silla de plata.
—Madre, si es por cierto,
dame una jarrita de agua.
—Quítate de ahí, mundina,
quítate de ahí, mundana,
de seis años para ocho
me has hecho la malcasada.
Delgadina, con gran sede,
se ha asomado a otra ventana;
viera estar a su padre
sentado en silla de plata.
—Padre, si es por cierto,
dame una jarrita de agua.
—Sí te la doy, Delgadina,
si me cumples la palabra.
—Yo se la cumpliré, mi padre,

aunque sea de mala gana.
—Alto, alto, mis criados,
a Delgadina dar agua,
y el que retrase llegarse
la cabeza le cortara.
Ellos, como son humildes,
unos por otros aguardan.
Ellos que llegaron,
Delgadina ya expiraba;
a los pies de Delgadina
manaba una fuente clara.
La cama de Delgadina
de ángeles está rodeada;
la cama del rey, su padre,
de demonios atestada.

> Cantó un grupo de mujeres en Ungilde
> (Zamora). Recopilado el 7-XI-75.

Es uno de los romances más populares actualmente en la Península; popularidad que se debe, en gran medida, a haberse utilizado en la tradición musical infantil.

Su asunto es, en general, el mismo tratado en el romance de "Silvana," si bien el desenlace de éste varía. La madre, enterada por la misma hija de los planes incestuosos del padre, la suplanta en la cama, terminando felizmente la historia con el arrepentimiento de aquél:

Viva la reina cien años,
cien años la reina viva,
que me quitó de un pecado
que pasaba de herejía.

Por el contrario, en el romance de "Delgadina," el papel de la
madre se reduce a insultar a la hija, y ésta muere como
consecuencia de los malos tratos a que es sometida por su padre
para conseguir su favor. Una vez muerta, los ángeles rodean su
cama, mientras que la de su progenitor, arrastrada por los
demonios, va a arder a los infiernos.

Braulio do Nascimento, al estudiar el eufemismo en el
romancero tradicional, hace notar dos casos de elipse parcial en las
versiones de "Delgadina":[7] En uno, desaparecen los versos alusivos
a los deseos del padre ("Tú has de ser mi enamorada"). En el otro,
la respuesta última de Delgadina asintiendo ("Yo se la cumpliré,
mi padre, aunque sea de mala gana"). Este último tipo de
perífrasis se encuentra relacionado con el fragmento final de la
muerte de Delgadina y su mitificación como mártir; es lógico que
la frase en que la joven accede a dar gusto a su padre fuese
omitida, pues significaba una incoherencia para el propósito de su
configuración como santa.

Una "pudoris causa" de la que ya hablaba Menéndez Pelayo
debió influir en las censuras y eufemismos que el romance sufrió a
través del tiempo, no sólo por parte de transmisores, sino, lo que es
peor, por parte de los propios recopiladores.

7. DON GATO

Sentado se estaba el gato,
en sillas de oro sentado,
calzando medias de seda
con zapatillos picados.
Cartas le llegan, cartas,
que ha de ser casado
con una gata montesa
que tiene seis mil ducados.
El gato con la alegría
se subiera a los tejados;
resbaláranle las uñas,
cayó del tejado abajo.
Rompiera siete costillas
y la cruz del espinazo;
llamaran siete barberos
y otros tantos cirujanos;
unos le tocan el pulso,
otros le tocan el rabo,
ninguno le entiende el mal
y el gato está muy malo.
—Haz la confesión, gato,
de todo lo que has robado:
Siete ollas de manteca
y otras tantas de lo magro,
de chorizos y longaniza

ya no puedo averiguarlo.

Cantó en Santiago de la Requejada
(Zamora), don Manuel Prada, 73 años.
Recogido el 6-XI-75.

Es un romance popularísimo en el folklore infantil de todas las
regiones de España, y del resto de los países de habla hispana. En
1857, Fernán Caballero, en su obra *Un servilón y un liberalito*,
hablaba del don Gato como canción "muy antigua." Más tarde
(1885) en un *Cuestionario del folklore gallego* redactado por
Cándido Salinas, y Antonio y Francisco de la Iglesia, se incluye el
tema con el título de "O testamento do Gato," junto a otros
romances jocosos, como "O testamento do Galo" y "O testamento
do Antroido."

Sabemos también que desde finales del siglo XVI empezaron a
popularizarse composiciones que narraban las aventuras y
desventuras de algunos animales, humanizándolas con un fin
humorístico. A este respecto, dice Gonzalo Menéndez Pidal que,
"mientras los pueblos orientales muestran una marcada preferencia
en muchos relatos tradicionales de tipo paradigmático por que sean
animales quienes encarnen la fábula. . .por el contrario el
Occidente gustó de personificar esos temas en hombres bien
definidos. En España, por ejemplo, sólo por imitación helenizante
un Lope de Vega llega a escribir un poema como la *Gatomaquia*,
cuyo mayor encanto, por lo demás, reside precisamente en la
extrema humanización de sus burlescos personajes."[8]

Dentro de la tradición que este romance ha seguido, y a la
vista de las numerosas versiones consultadas, podemos señalar dos
grandes ramas en la transmisión de la historia: una, la primitiva,
centra la narración en el testamento del gato. La segunda rama,
más moderna, ha alcanzado una gran difusión como tema infantil,
cantándose a menudo con un estribillo que se repite a cada
secuencia de dieciséis sílabas.

8. DON BUESO Y SU HERMANA CAUTIVA

Camina don Greso
una mañana fría
a buscar amores
a tierra judía.
Se encontró lavando
una hermosa niña,
en la fuente clara,
serenita y fría.
—Quítate de ahí, mora,
hija de judía;
quítate, que beba
la caballería.
—No soy una mora
hija de judía,
que yo soy cristiana
bautizada en pila.
—Si esto yo supiera,
yo te llevaría
por veintidós años,
o toda la vida.
La subió en el caballo
y en la caballería;
al llegar al monte
la niña suspira.
—¿Qué suspiras rosa,

la rosa florida?
—Que llego a la tierra
donde fuí nacida.
Mi padre era rey,
mi madre la reina,
mi hermano don Greso
y yo la princesa.

> Cantó Julia Campo Escolar, nacida en
> Campaspero, (Valladolid), 82 años.
> Recogido en Campaspero, el 10-III-
> 1978.

Es un tema de los que se han venido definiendo como moriscos o fronterizos: un caballero rescata a una muchacha cautiva de los moros, que resulta ser su hermana. Asuntos parecidos de reencuentros familiares entre cristianos que hubieran sido capturados se hallan también en textos como el de "Las tres cautivas," y algunos más tardíos que Agustín Durán recoge en su *Romancero General*. Son composiciones que, muchas veces, no hacen sino reflejar el estado de guerra y conquista entre dos pueblos.

Ramón Menéndez Pidal creía que el romance de Don Bueso era una derivación de cierta balada juglaresca alemana, sacada a su vez del poema austríaco de Kudrun. En efecto, en dicha obra se hablaba de una princesa a quien raptaban y llevaban presa al territorio de los normandos. Allí Kudrun rechazaba a su raptor, causando con ello las iras de la madre, quien encargaba a la joven los más pesados y duros quehaceres. Durante trece años de cautiverio soporta tal situación, hasta que, un día, lavando ropa a orillas del mar, ve venir a un navegante (su propio hermano) que la va a ofrecer oro a cambio de su amor. Kudrun acepta ir con él si promete respetarla. Según las propias palabras de Menéndez

Pidal, "El romance de Don Bueso, en su forma más antigua, la hexasilábica, la medieval, confinado en el noroeste de nuestra península y no en la zona fronteriza con Francia, puede hacernos pensar que algún viajero por el camino de peregrinación a Santiago, importó la balada desde el oriente de Europa a la mitad occidental de España."[9]

Mi pa- dre e -ra rey_____ mi ma-

dre la rei-na_____ mi her-ma- no don Gre- so

y yo la_____ prin- ce -sa,

mi her -ma - no don Gre- so

y yo la_____ prin- ce- sa

9. GERINELDO (MAS LA CONDESITA)

—Gerineldo, Gerineldo,
Gerineldito pulido,
quién te pillara esta noche
tres horas a mi albedrío,
y después de las tres horas
hasta que haya amanecido. . .
—Como soy vuestro criado,
señora, os burláis conmigo.
—No me burlo, Gerineldo,
que de veras te lo digo.
—¿A qué hora, mi gran señora,
volveré a lo prometido?
—Entre las doce y la una,
mis padres están dormidos;
trae zapatito de seda
para no ser conocido.
Al subir por la escalera,
Gerineldo dió un suspiro,
—¿Quién es ese arrestado?
¿Quién es ese atrevido?
¿Quién es ese arrestado
que en mi cuarto se ha metido?
—Soy Gerineldo, señora,
que vengo a lo prometido.
Se pusieron a luchar

como mujer y marido;
cansados de haber luchado,
ambos cayeron dormidos,
y a eso de salir el sol
el rey busca los vestidos;
pregunta por Gerineldo,
paje del rey más querido.
Unos dicen "no está en casa";
otros dicen "ya se ha ido,"
y el rey, por maginación,
al cuarto la infanta ha ido.
Les ha encontrado a los dos
como mujer y marido:
—Si mato a mi hija la infanta,
se queda el reino perdido,
y si mato a Gerineldo. . .
no, que le crié desde niño.
Pondré la espada por medio
para que sirva de testigo.
Con el frío de la espada
la dama ha despavorido.
—Levántate, Gerineldo;
levántate, paje mío,
que la espada de mi padre
entre los dos ha dormido.
—¿Dónde me iré ó, gran señora?
¿A dónde me iré, Dios mío?
—Vete por esos jardines
a cortar rosas y lirios.
Se ha encontrado con el rey,

pálido y descolorido.
—¿De ande vienes, Gerineldo?
¿De ande vienes, paje mío?
—Vengo por estos jardines,
de cortar rosas y lirios.
Como se lo dijo en cifra,
el rey no lo ha comprendido.
—No me niegues, Gerineldo,
no me niegues, paje mío,
no me niegues, Gerineldo,
que con la infanta has dormido.
—Mátame, mi gran señor,
si delito he cometido.
—No te mato, Gerineldo,
que te crié desde niño,
sólo os pondré a los dos
como mujer y marido.
Ya se declara la guerra
en el reino Portugal
y a Gerineldo le nombran
de capitán general.
—¿Cuántos días? ¿Cuántos meses?
¿Cuántos años tardarás?
—Si a los siete años no vengo,
princesa, puedes casar.
Ya se pasan los siete años,
caminando para ocho van,
y un día, puesta la mesa,
su padre la preguntá:
—¿Cómo no te casas, hija?

¿Cómo no te casas ya?
—¿Cómo quiere que me case?
Mi marido vivo está.
Si usted me diera un vestido
para irle a buscar. . .
ni se le pido de seda,
ni tampoco de percal,
que se le pido de paño,
de eso que llaman sayal.
El padre se le concede
y ella a buscarle se va.
Pasó ríos, pasó puentes,
¿dónde le vino a encontrar?
A la orillita del río,
a la orillita del mar.
—Dígame usted, paje mío,
dígame usted la verdad:
¿De quíen son esos caballos
que saca usté a pasear?
—De Gerineldo, señora;
mañana se va a casar,
ya tiene muertas las reses;
ya tiene cocido el pan;
tiene puesta confitura,
y el vino comprado ya.
—Si usted hiciera el favor
de venirme a enseñar;
si se le van los caballos,
yo se les iré a buscar,
y si hacen algún daño,

aquí estoy yo para pagar.
—Suba usted la calle arriba,
y en la plazuela del pan,
en los balcones más altos,
allí paseando está.
Le ha pedido una limosna,
y un real en plata la da.
—¡Qué limosna tan pequeña
para tan grande caudal,
para en casa de mis padres
que moneda de ocho dan!. . .
—¿De dónde es la romerita
que al conde viene a buscar?
—Soy de la ciudad de Roma,
ahora acabo de llegar.
—Eres el diablo, romera,
pues me vienes a buscar.
—No soy el diablo romera,
soy tu mujer natural.
La otra, al oír esto,
un accidente la da,
y en la calle la amargura
allí tendidita está,
y si no la han levantado,
ha estado y lo estará.

Cantó Gregoria Escolar, nacida en
Cogeces del Monte, (Valladolid), 59
años. Recogido 18-V-1978.

Esta versión pertenece al tipo de composiciones que une a *Gerineldo* con *La boda estorbada*. Es lo que Ramón Menéndez Pidal estudió y definió como 'versión doble de Gerineldo y La condesita"; como se observará, presenta algunas diferencias— fundamentalmente en la segunda de las composiciones—con respecto a la versión simple que ofreceremos más tarde.

Según Menéndez Pidal hay que encuadrarlo dentro del Ciclo Carolingio, y se inspira en los amores legendarios de Eginardo, secretario y camarero de Carlomagno, con Emma, la hija del Emperador. Sin embargo, Alvaro Galmés[10] habla de una canción de gesta titulada *Horn et Rimel* (publicada por Francisque Michel en 1845), que relata una historia, coincidente en muchos aspectos con el romance resultante de la unión de "Gerineldo" y "La boda estorbada." La infanta (en este caso hija de Hunlaf, rey de Bretaña) que requiere de amores a un paje; la marcha de éste a la guerra, y su compromiso matrimonial en lejanas tierras que queda deshecho con la llegada de un mensajero son elementos comunes al cantar de gesta y al romance. Galmés cree encontrar relación, incluso, entre los nombres propios de uno y otro; para él, el título de Horn et Rimel (Horn Rimeld, como aparece a veces en versiones inglesas) pudo ser origen—al fusionarse—del apelativo que recibe el protagonista del tema español.

Nuestra opinión es, que la "doble versión" se produjo con posterioridad a la configuración y difusión de ambos romances como composiciones independientes, por lo que tal "versión doble" no fue la que originó los poemas independientes, sino que se trata de una refundición posterior sobre cuyas motivaciones se pueden alegar variadas hipótesis.

En cuanto a la evolución, las tradiciones oral y escrita han seguido diferentes caminos.

Soy Ge- ri- nel- do se- ño- ra que ven-

go a lo pro- me- ti- do.

Se pu- sie- ron a lu-

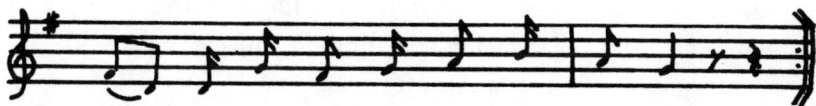

char co- mo mu- jer y ma- ri- do.

10. LA BODA ESTORBADA

—Dicen que te vas, te vas,
de capitán general. . .
—Quien te ha dicho esa palabra
te ha dicho la gran verdad.
Quédate con Dios, condesa:
con Dios te puedes quedar.
Si a los siete años no vuelvo,
condesa, te pués casar.
Han cumplido los siete años,
y para los ocho van;
un día al salir de misa (y)
a casa sus padres va.
—Echeme la bendición,
que al conde voy a buscar.
—La bendición de Dios Padre,
la de Dios te alcance más.
Tenía zapato raso,
se le puso cordobán;
tenía basquiña seda
se la puso de sayal,
y un cordón de esclavelina
para poder navegar.
Ha andado cincuenta leguas
sin andar ningún lugar,
y al revolver una esquina

vió un castillito asomar.
—Si el castillo es de moros,
allí me han de cautivar;
si el castillo es de cristianos,
allí me han de dar el pan.
Siete vueltas dió al castillo
sin hallar por dónde entrar,
y al revolver de una esquina,
vió un pajecito asomar.
—Pajecito, pajecito,
no me niegues la verdad:
¿De quíen son esos caballos
que viene usté de pastar?
—Son del conde de Osuna;
mañana se va a casar:
Ya tiene las carnes muertas
y allá van cocer el pan.
—Calla, calla, pajecito,
haz el favor de callar,
que a mitad de la escalera
con el conde me he de hallar.
Una limosna, por Dios,
que Dios se lo pagará. . .
Echa mano al bolsillo,
de limosna saca un real.
—Para un hombre tan grande,
poca limosna es un real,
muy poca limosna es ésa
pa lo que solías dar.
—¿De dónde es la peregrina?

¡Tan ronco tiene el hablar!. . .
—Soy de Castilla la Vieja,
entre Francia y Portugal.
—¿Qué se oye por allí?
¿Qué se oye por allá?
—¿Qué quiere usté que se oiga?
Poco bien y mucho mal,
que has dejado a la condesa
y te has venido aquí a casar.
Al oír esta palabra,
el conde cayó hacia atrás;
ni con agua ni con vino
le hacían resucitar;
sólo con palabras dulces
que la condesa le da.
Ya se ha levantado el conde,
y será para marchar:
—La primera es la que vale;
la segunda no valdrá.

Cantó Julia Campo Escolar, nacida en
Campaspero, (Valladolid), 82 años.
Recogido en Campaspero el 10-III-
1978.

Es éste uno de los romances más populares entre los que la
tradición conserva. Las diferentes versiones que han llegado hasta
nuestros días suelen coincidir en los rasgos fundamentales: El
conde debe marchar a la guerra y dice a la condesa que si no ha
vuelto antes de siete años, ella podrá volver a casarse. Pasa el
plazo, y ésta no se casa, por más que su padre se lo aconseje, sino

que disfrazada de romera, se va a buscar al conde. Después de
mucho tiempo de peregrinación, le encuentra en un lugar (castillo,
ciudad o palacio, cuya situación geográfica no especifica ninguna
versión), a punto de contraer matrimonio con otra mujer. La
condesa se presenta a él (en algunas ocasiones para pedirle
limosna, en otras haciéndose la encontradiza) y le descubre su
identidad. El conde se desmaya, y, una vez vuelto en sí, reconoce
su error, aceptando regresar a su tierra con la condesa. En alguna
versión, y éste es un detalle por desgracia muy español, se satiriza
encarnizadamente a la novia, que se queda "compuesta y sin
casar." En otras lecciones, ésta se consuela filosofando sobre las
traiciones y engaños de los hombres.

Cuando "La boda estorbada" no va unida al romance de
"Gerineldo," el protagonista recibe diversos nombres; los más
comunes son: Conde Flores, conde Antores, conde Lara, conde
Osuna, conde Sol, conde Marcos, etc.

Di —cen   que   te vas te vas__   de ca-

pi-   tán   ge-   ne-   ral.   Quien te ha

di- cho e -sa   pa- la- bra   te ha di-

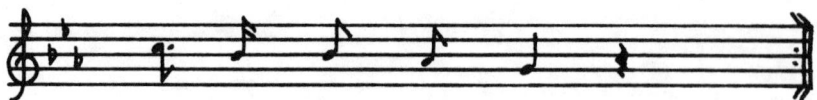

cho   la   gran ver- dad.

11. *LA VIRGEN SE ESTA PEINANDO*

La Virgen se está peinando
a la sombra de una higuera;
los peines eran de plata,
las cintas de primavera.
Pasó por allí José
diciendo de esta manera:
—¿Por qué no canta la linda?
¿Por qué no canta la bella?
—¿Cómo quieres que yo cante,
si soy de tierras ajenas,
y aquel Hijo que tenía,
más blanco que la azucena,
me le están crucificando
en una cruz de madera?

Cantó Rosa Martín, nacida en Tudela
de Duero, residente en Valladolid, 70
años. Recogido 27-II-1978.

Son muchos los estudiosos que recogen en sus colecciones este romance religioso tardío. En algunas versiones, el tema prosigue con el descendimiento de la Cruz. Generalmente son San Juan o San José quienes preguntan a la Virgen el motivo de su tristeza; sólo en algunos ejemplos la demanda proviene de una voz anónima.

Según Menéndez Pidal y Paul Bénichou es una versión a lo divino del romance "Por qué no cantáis, la bella?" En efecto, los versos

> Cómo no canta mi Virgen
> cómo no canta la bella,

denotan su origen galante, propio de un romance de tema profano; ese romance primitivo, apenas se canta ya en la Península, mientras que goza de popularidad entre los judíos españoles del norte de Africa y Oriente. Por el contrario, el romance religioso tiene gran arraigo en la tradición española, a juzgar por las innumerables lecciones que de él existen en diferentes zonas. Nuestra opinión es que ese pasaje parece más bien una interpolación de carácter artificioso para dar mayor expresividad a la narración y no un calco "a lo divino" del otro romance. Así se desprende de la lectura de algunas versiones perfectamente coherentes sin el pasaje comentado.

12. ROMANCE DE LA PASION

Madre mía, ¿Dónde iré?
Al corral de las montañas
a comer peras amargas
y membrillos amarillos.
El peral que yo planté
era peral de Victoria,
la tierra que yo le eché
era perfecta memoria.
Las carnes me están temblando
de estas palabras que he dicho;
quisiera volverme cristiano
y servir a Jesucristo.
Jesucristo fué nacido
de las hijas de Santa Ana;
antes que la muerte llegue
a sus discípulos llama.
Ya los llama en uno en uno,
de dos en dos los contaba;
ya que los tiene juntos,
de esta manera les habla:
—¿Cuál de vosotros, amigos,
morirá por mí mañana?
Se miran unos a otros
y ninguno respuesta daba.
Pero San Juan Bautista

que predicó las montañas, dijo:
—Yo moriré por mi Dios,
que la muerte de mi Dios no es nada,
que la muerte de mi Dios
no puede ser disculpada.
Ya sacan al buen Jesús
el viernes por la mañana,
con un cordel en el cuello
donde los judíos tiraban;
cada tirón que le daban,
el buen Jesús se arrodillaba.
—No te arrodilles, buen Jesús,
que cerca está la montaña,
y en el calvario más alto
las tres Marías te aguardan.
Una, María Magdalena,
otra Marta, su hermana,
y otra la Virgen pura
que es la que más dolores pasa.
Una le lava los pies,
otra le lava la cara,
otra recoge la sangre
que el buen Jesús derramaba;
cada gota que caía,
arroyos se iban haciendo;
¿dónde irían a parar?
A los pies del Padre eterno.
Padre eterno de mi vida,
Padre eterno de la luz,
mira dónde está tu Hijo,
desnudo y puesto en la cruz,

sin sábana para envolverlo
ni sepulcro para enterrarlo:
las piedras lloren conmigo (y)
los montes se hagan pedazos.
El que diga esta oración
todos los viernes del año,
sacará un alma de pena
y la suya sin pecado.
El que la sepa y no la diga,
el que la oiga y no la aprenda,
llegará el día del Juicio
y allí pagará su pena.

> Cantó Asunción Martínez, en Valbuena
> de Duero, (Valladolid); 56 años.
> Recogido el 10-I-1979.

Ese romance pertenece al Ciclo de Cuaresma, dentro del cual se interpreta junto a otras composiciones que tratan también la Pasión y muerte de Jesucristo. Cuando Este reúne a sus apóstoles para la cena de Jueves santo, inquiriéndoles si estarían dispuestos a dar la vida por El, sólo San Juan, a quien peregrinamente se denomina Bautista, y no Evangelista, se ofrece generosamente. La incongruencia que se desprende de esta mezcla (situar al Profeta y precursor de Cristo en la última cena) es bien notoria, ya que, según el mismo Evangelio narra, había muerto anteriormente por mandato de Herodes. Pero las versiones tradicionales del Ciclo de la Pasión no se inspiran directamente en la tradición evangélica, sino en leyendas pías derivadas de la corriente religiosa popular. Algunas de las composiciones de este período tienen como antecedente más o menos remoto los textos que Lope de Vega dedicó a la muerte del Salvador y que se conocen popularmente como "Los catorce romances de la Pasión."

Nuestro relato se cierra con una oración muy empleada como final de diversas composiciones religiosas.

13. *LA VIRGEN Y EL CIEGO*

Camina la Virgen pura,
camina para Belén,
y en el medio del camino
pide el Niño de beber.
—No pidas agua, mi vida;
no pida agua, mi bien,
que vienen los ríos turbios
y los arroyos también.
Allá arriba, en aquel alto,
hay un ciego naranjero:
Si me da usté una naranja,
para el Niño entretener. . .
La Virgen cogía una,
florecen de tres en tres.
—¿Quién es aquella señora?
¿Quién es aquella mujer
que me ha dao vista en los ojos
y en el corazón también?

Cantó Rosa Martín, nacida en Tudela
de Duero y residente en Valladolid; 70
años. Recogido el 27-II-1978.

Es un romance religioso basado en la tradición apócrifa del
viaje de la Sagrada Familia a Egipto. El "camina para Belén" de

nuestro texto parece resultar de una transformación de la historia primitiva. Efectivamente, en algunos ejemplos se lee: "De Egipto para Belén," y en una versión de Cossío y Maza Solano se precisa aún más:

> Huyendo del fiero Herodes
> que al niño quiere prender,
> se encaminan para Egipto
> María, su Hijo y José. . .

Queda así explicada la causa de la huída en conformidad con las demás narraciones—evangélicas o no—sobre esta marcha, ya que ninguna de ellas habla de un regreso de María desde Egipto a Belén. Sólo en el Evangelio Arabe de la Infancia, la Sagrada Familia entra en Belén después de haberse dicho anteriormente que se encaminaban a Nazaret ("José, márchate a la ciudad de Nazaret, y quédate allí").

Cuenta nuestro romance cómo, sintiendo sed el Niño, la Virgen se acerca a una huerta para pedir algo de fruta; el dueño, un ciego, ofrece generosamente a la Virgen lo que desea, y queda curado. La diferencia con la narración de los Apócrifos estriba en que, en éstos, es una palmera la que ofrece sus frutos, por lo que Jesús ordena a unos ángeles que transporten una muestra de ella al Paraíso, y la bendice con las siguientes palabras: "Que a todos aquellos que hubieren vencido en un certamen pueda decírseles: Habéis llegado hasta la palma de la Victoria." Otra diferencia que puede apreciarse es que, en el romance, el Niño apenas interviene en la acción, limitándose la misma a la curación del ciego. Por el contrario, en el Pseudo Mateo, Cristo habla a la palmera y la ordena que se incline y brote un manantial de sus raíces.

Existe otro romance sobre el viaje a Egipto en el que un labrador, por una mala contestación dada a la Virgen, recibe el castigo de que su cosecha se convierta en piedras.

14. EL CONDE OLINOS

Paseaba Fernandito
por las orillas del mar;
mientras su caballo bebe,
él echa un dulce cantar.
La reina le estaba oyendo
desde su palacio real:
—Mira, hija, como canta
la serenita del mar.
—Madre, no es la serenita;
ni lo es, ni lo será,
que es la voz de Fernandito
con quien yo me he de casar.
—Mira, hija, si te casas,
a los dos mando matar.
La reina, como era reina,
la entierra en un altar;
Fernandito, como conde,
tres pasitos más atrás.
Y del cuerpo de la reina
salió un dulce manantial
donde los cojos y ciegos
allí se van a curar.
La reina se quedó ciega
y allí se fué a curar:
—Agua, agua, fuentecita,

para estos ojos curar.
—Cuando yo era pequeñita
me mandasteis a matar,
y ahora que soy fuentecita, (y)
agua no te quiero dar.

> Cantó Teodosia de los Ríos Conde,
> nacida en Pesquera de Duero y
> residente en Tudela de Duero,
> (Valladolid); 74 años. Recogido el 29-
> III-1977.

Al protagonista de este romance se le denomina de diversas formas, siendo Conde Niño, Lino, Olinos, y Fernandito las más usuales. Ramón Menéndez Pidal, en su *Flor nueva de Romances viejos* llama al tema "Amor más poderoso que la muerte," y, efectivamente, es el amor el motivo principal de esta historia, si bien tanto como él, es la misma vida la que triunfa a través de las diferentes transformaciones que después de la muerte física van tomando los dos amantes. Este tema de las metamorfosis sufridas por dos enamorados perseguidos es común a las literaturas orientales y europeas, por lo que es fácil rastrear en este romance un origen culto, y, con bastante probabilidad, una influencia trovadoresca.

Es digno de mención también el trasfondo esotérico que la composición debió tener en sus inicios y que, aunque algo deteriorado, todavía se conserva. Así, haciendo un cotejo de las versiones, se aprecia una tendencia a ir eliminando la parte más fantástica del relato (la de las transformaciones maravillosas de los dos amantes), o a abreviarla. Sin embargo, en las versiones más completas se observa una enumeración lo suficientemente rigurosa en el orden de las esferas de encarnación por las que los amantes pasan, como para pensar que esto no se debe al azar: sufren primero transformaciones en la esfera del reino vegetal (rosa y espino), para pasar a la esfera superior del reino animal (paloma y gavilán). Por fin se convertirán en una ermita con una fuente, es decir, en un santuario, quizá símbolo de la unión mística. Puede aventurarse pues, que, con mayor o menor importancia, la creencia en la metempsícosis, influyó en la génesis de este romance. Hasta qué punto esta concepción del universo era incidental en el tema o más transcendente, nos es muy difícil de delimitar, pues la primera versión escrita conocida, que data del siglo XV (Cancionero Manuscrito de Londres) se halla muy deteriorada, y en ella ya están mezclados los romances de Arnaldos y el conde Niño.

Hay una versión en que las diferentes transformaciones se originan de las cenizas de los amantes. Otro elemento fantástico que aparece en la narración es la sirena del mar que se menciona al principio de la historia. Se tenía la creencia de que su visión, o simplemente la escucha de su canto, eran generadoras de mala suerte para los mortales, tal vez porque en la mitología se las consideraba como almas insatisfechas de la muerte, y, por tanto, envidiosas de la vida. Recuérdese la copla popular que dice:

> Las sirenitas del mar
> cantan muy pulidamente.
> El que las oye cantar
> cercana tiene la muerte.

La mención de la sirena en el romance parece preludiar el carácter trágico que el resto del argumento va a tener.

Mi- ra hi- ja co- mo

can- ta la se- re- ni- ta del

mar___ la se- re- ni- ta del

mar___ la se- re- ni- ta del mar.

15. AMNON Y TAMAR

El rey moro tiene un hijo
que Tranquilo se llamaba,
y también tiene una hija
que se llamaba Altamara.
La quieren ricos y condes,
la quiere el rey de Granada,
y hasta un hermano que tiene
ha intentado de gozarla.
Por gozar de su hermosura
cayó enfermito en la cama;
su padre, que lo ha sabido,
a preguntarle se halla:
—Buenos días, hijo mío;
¿qué tienes que estás en cama?
—Calentura, padre mío, (y)
una calentura vana.
—¿Qué quiés que te traiga de almuerzo?
¿La pechuga de una pava?...
¿Las alas de una gallina?...
—Que me lo guise Altamara.
Que Altamara me lo guise
y Altamara me lo traiga,
que Altamara venga sola,
que no venga acompañada,
que también las compañías

a veces salen muy malas.
Por la escalerita arriba
sube la linda Altamara,
derechita como un huso;
reluce como una espada.
Y en la su mano derecha
lleva la polla guisada,
(y) en la su mano izquierda
llevaba una jarra de agua,
(y) en el su brazo izquierdo
llevaba una toalla.
—Buenos días, hermano mío,
¿qué tienes que estás en cama?
—Las malezas que yo tengo,
tras de tus ojillos andan.
—Permita Dios de los cielos
te levantes de la cama.
Se tiró desesperado
como un león cuando brama;
hizo lo que quiso de ella,
hasta escupirla en la cara.
Pendientes de sus orejas
por la escalera rodaban;
anillitos de sus dedos
en ella nada paraban.
A eso de los nueve meses
cayó enfermita en la cama;
su padre, que lo ha sabido,
a preguntarla se halla:
—¿Qué te pasa, hija mía?

No te asustes, Altamara,
que, si es que tienes un hijo,
será príncipe en España;
y si tienes una hija,
monjita de Santa Clara.
—Vaya unas razones de un padre;
vaya unas razones, vaya.
Se ha encerrado en su cuarto,
se ha dado de puñaladas.
—Mejor quiero morir así,
que morir yo deshonrada,
y las niñas de mi escuela
me llamen mujer mundana.

> Cantó Teodosia de los Ríos Conde, de
> 74 años, nacida en Pesquera de Duero,
> Valladolid. Recogido en Tudela de
> Duero el 29-III-1977.

El tema del incesto entre hermano y hermana tiene multitud de variantes en el folklore mundial. El tratamiento varía según la causa. En uno de los más famosos mitos filipinos se cuenta que la raza humana es castigada con un cataclismo; sólo quedan un hermano y una hermana que deben unirse para perpetuar la especie; la divinidad les perdona.

Las relaciones incestuosas entre hermanos no siempre fueron consideradas como algo reprobable. Recordemos los matrimonios entre dioses (Zeus y Hera, Isis y Osiris, etc.), y la costumbre, natural entre los faraones, para preservar la casta, que en otras culturas se hizo extensible a la nobleza (Gales, Persia, Perú, Siam, Ceilán, Hawai, Uganda, etc.). Por el contrario, en la Biblia, se condena expresamente esta relación, y el caso de Amnón y Tamar, hijos del rey David, podría ser uno de los ejemplos ilustrativos. Entre los sefardíes se conserva este tema en diferentes versiones que narran el episodio completo, con la muerte final de Amnón a manos de Absalón. Las lecciones españolas actuales que hemos escuchado, conservan el fondo casi intacto, pero varían la forma. Amnón se ha convertido en Tranquilo (por deformación de Tarquino, el rey que forzó a Lucrecia, según aparece en el Cancionero de Amberes), y Tamar ha perdido su nombre (se fué degenerando paulatinamente: primero se decía "se enamoró de Tamar," después "se enamoró de Altamar," más tarde "se enamoró en Alta mar"; y finalmente, como el que se enamorara en barco o en tierra no era una cuestión importante, se llegó a veces a suprimir esa parte).

En nuestra versión, muy completa y detallada, el rey moro pretende tranquilizar a Altamara con la idea de que su hijo, si nace, será tratado tan dignamente como merece, pero aquélla prefiere darse muerte antes que sufrir la deshonra.

El rey mo- ro tie- ne un hi- jo____

que Tran-qui- lo se lla- ma- ba y

tam- bién tie- ne u - na hi- ja_____

que se lla- ma-ba Al- ta- ma- ra.

16. EL QUINTADO Y LA APARICION

En medio de dos quintás
sale Launa con gran fuerza,
con un sombrerillo blanco
y en medio dos plumas negras.
—Soldado tan valeroso,
¿cómo tan triste te muestras?
¿Si lo haces por padre o madre,
o por temor a la tierra?
—No lo hago por padre o madre
ni por temor a la tierra,
que lo hago por mi querida
que quedó niña y doncella.
—Siete años te doy, soldado,
para que vayas por ella.
El soldado, muy contento,
sus pies y sus manos besa.
Echa la silla al caballo
para marcharse por ella.
A la mitad del camino
una peregrina encuentra:
—¿Dónde vas tú, caballero?
¿Dónde vas tú por aquí?
—Voy a dar agua al caballo
y a buscar lo que perdí.
Si lo que perdí no encuentro,

cielos, ¿qué será de mí?
A buscar a mi querida,
la que llaman Beatriz.
—Si Beatriz ya se ha muerto,
muerta está, que yo la ví.
Cuatro frailes la llevaban,
y eran de San Agustín,
otros cuatro la cantaban,
también de San Agustín;
cuatro monjas la rezaban,
sólo por honrarte a tí.
Al revolver una esquina
se levanta un polvorín.
—Se ha asustado mi caballo,
yo también me sorprendí.
—No te asustes, caballero,
no te asustes tú de mí,
que yo soy la tu querida,
la que llaman Beatriz.
—¿Cómo siendo mi querida
no me hablas tú a mí?
—Boca con que yo te amaba,
ya no la traigo yo aquí,
que me la pidió la tierra
y a la tierra se la dí.
Ojos con que te miraba,
tampoco les traigo aquí,
que me les pidió la tierra
y a la tierra se les dí.
Dado caso que te cases,

cásate en Valladolid
con la hija de un platero
que se llama Beatriz;
y al primer hijo que tengas,
métele fraile agustín.
La primer misa que diga
que me la encomiende a mí.
—Yo venderé mi caballo
para misas para tí,
y me venderé a mí mismo
porque no pases allí.
—No vendas a tu caballo
ni te pongas a servir:
Cuantas más misas me digas
más tormentos para mí.

> Cantó Julia Campo Escolar, 82 años,
> nacida en Campaspero, (Valladolid).
> Recogido el 10-III-1978.

La excelente versión ofrecida es una de las más completas que conocemos entre las de tradición oral. Las primeras lecciones escritas publicadas sobre el tema datan de finales del siglo XV y comienzos del XVI (Cancionero de Londres, núm. 351; pliegos impresos desde 1506; y Cancionero de Sepúlveda). La popularidad del poema debió ser tanta, que diversos autores de teatro incluyen versos del mismo, o inspirados en él, dentro de sus obras. Mejía de la Cerda, Guillén de Castro, y Vélez de Guevara se valieron del romance para acentuar el dramatismo de sus creaciones.

En versiones tradicionales, "El quintado" y "La aparición" se unen, como sucede en la nuestra. Este último romance sufrió una actualización en el pasado siglo cuando, a la muerte de la reina

Mercedes, primera mujer de Alfonso XII, nació una cancioncilla que aún hoy se escucha:

> —¿Dónde vas, Alfonso XII,
> dónde vas, triste de tí?
> —Voy en busca de Mercedes,
> que ayer tarde no la ví. . .

El texto de "El quintado y la Aparición," en sus diversas variantes, se halla difundido por toda la Península, Canarias, Hispanoamérica, y entre los sefardíes de Marruecos. En Portugal está mezclado en ocasiones con los de "Bernal Francés" y "La malmaridada." Pensamos, y nuestra versión parece confirmarlo, que esta composición es de claro origen castellano; y, aunque no somos partidarios de dar una explicación localista para la génesis de los romances, en este caso nos atrevemos a aventurar que pudo muy bien nacer en una zona cercana al lugar de los hechos que relata. Recordemos la versión del Cancionero de Sepúlveda:

> Yo me partiera de Burgos
> para ir a Valladolid. . .

Y aseveran nuestro ejemplo y otros muchos de Santander y Burgos:

> Cásate en Valladolid. . .

Además se alude, en muchos casos, a un platero; sabida es la importancia que este gremio tuvo en Valladolid, donde una de las principales vías aún lleva el nombre de Platerías. La referencia reiterada a los monjes de San Agustín encuentra también explicación local, pues uno de los primeros conventos de la ciudad llevó el nombre del santo.

No deja de ser significativo, por otro lado, que nuestra versión sea una de las más completas y coherentes que se conocen del tema, al tiempo que una de las que más nombres y detalles concretos ofrece. Sabemos además que Fernando Colón compró en 1524 en Medina del Campo un pliego en el que, entre otros romances populares, ya estaba éste.

¿Dón- de vas tú, ca- ba- lle- ro,

dón- de vas tú ca- ba-

lle- ro dón- de vas tú por a-

quí, dón- de vas tú por a- quí?

17. EL CONDE CLAROS

A eso de la media noche,
cuando los gallos cantar,
don Carlos de mal de amores
no podía sosegar.
Aprisa pide el caballo,
aprisa pide el calzar;
si muy deprisa lo pide,
más deprisa se lo dan.
Se ha cogido su caballo
y hacia el palacio se va;
por la calle de las damas
el caballo va a bailar,
y por la de doña Clara,
el caballo relinchar.
Esto que oyó doña Clara
se ha asomado al ventanal:
—¡Qué furor lleva don Carlos
pa con moros pelear!. . .
.—Más furor llevo, señora,
pa con damas practicar.
Se liaron en palabras,
se fueron bajo el rosal,
y el escuchero parlero
él escuchándolo está.
—Por Dios pido al escuchero,

por Dios y por la verdad,
de esto que usted haya visto,
no quiera decir verdad.
El escuchero parlero
no lo ha querido callar;
calle arriba, calle abajo,
con el Rey se fué a encontrar:
—Buenos días, mi buen Rey,
y los que con él están:
Que su hija doña Clara,
debajo el rosal está.
—Si me lo dices callando,
bien te lo hubiera pagado,
pero me lo has dicho a voces:
te voy a mandar quemar.
En busca de doña Clara
el Rey al palacio va:
—Dímelo tú, Clara niña;
dime, dime la verdad,
mira que si no la dices
te voy a mandar quemar. . .
—Si yo tuviera un sobrino,
¡a cuántos he dado el pan!
que me llevara esta carta
a don Carlos de Montealbar. . .
—Démela usté a mí, mi tía,
que yo se la iré a llevar.
Por donde le ve la gente,
muy despacito se va;
por donde no le ve nadie,

no es correr, que eso es volar.
(Y) A la entrada del palacio
con el *rey* se fué a encontrar.
—Buenos días, mi buen *rey*,
y los que con él están;
lea, señor esta carta,
la carta se lo dirá.
Cogió la carta y leyó;
desmayado cayó atrás,
y luego que volvió en sí:
—Aprisita, mis criados,
aprisa y no de vagar,
ensillad ocho caballos:
Jornada de siete días
en una la habéis de andar.
En el medio del camino,
cuatro reventados van.
Ha llegado a la ciudad,
dejó el hábito de *rey*
y el de fraile fué a tomar.
Y a la entrada del palacio
con el Rey se fué a encontrar:
—Buenos días, mi buen Rey,
y los que con él están;
esa hija que usted tiene
la querría confesar.
—De curas, también de frailes,
bien confesadita va.
—Eso no le hace, buen Rey:
Se querrá reconciliar.

La agarró de las muñecas
la ha llevado al pie el altar:
—Dímelo tú, Clara niña,
no me niegues la verdad.
Deso que tu cuerpo tiene,
¿a qué padre lo has de dar?
—Yo a don Carlos, a don Carlos,
don Carlos de Montealbar.
—¿Tú conoces a don Carlos?
O ¿qué señas dél pués dar?
—Yo, que en su brazo derecho
tenía un rico lunar.
—Alegría, doña Clara:
alegría, no pesar,
que te tiene las muñecas
don Carlos de Montealbar.
La ha subido a su caballo,
por la hoguera fué a pasar:
—Que quemen perros en ella
que a ésta no la queman ya.
Case, Rey, las demás hijas
que ésta bien casada va;
si quié saber quién la lleva:
don Carlos de Montalbar.

Cantó Amalia Gómez, de 73 años, nacida en la Overuela, Valladolid. Recogido en Junio de 1977.

Para mejor comprensión del romance, y para no alterar una sola palabra del texto recopilado hemos puesto *rey*, con minúscula y en cursiva, donde la informante debió decir Conde.

Es una de las composiciones que con más frecuencia aparece
en pliegos[11], romanceros, y obras de música del siglo XVI. Juan del
Enzina glosó el tema en una de sus composiciones de polifonía
(*Pésame de vos, el conde*); el ciego Francisco de Salinas, en su
obra *De musica libri septem* dice del "Conde Claros" que su
melodía es conocidísima y que con ella se interpretan la mayor
parte de las historias y narraciones llamadas "romances." Alonso de
Mudarra, Diego Pisador, Luis de Narváez y Enríquez de
Valderrábano ofrecen, en sus tratados para vihuela gran cantidad
de diferencias y variaciones sobre la popular tonada[12].

Existe un ciclo sobre el conde Claros que comprende varias
narraciones sobre parecido asunto. Nuestra versión se halla
relacionada con algunos de esos primitivos textos; en concreto, con
aquellos que comienzan: "Media noche era por filo," y "Aca aca
(sic) va el Emperador," del Cancionero de Anvers. Nuestra versión
ha conjuntado ambos relatos con acierto, trocando la prisión del
conde y su condena (que correspondían a la segunda parte de
"Media noche era por filo") por la novelesca intervención de
Claros disfrazado de fraile para liberar a la princesa. No
encontramos en nuestro texto alusión alguna al embarazo de la
infanta (episodio del segundo texto que se ha propagado a casi
todas las versiones de la tradición oral), ni tampoco a la tortura
que ésta sufre:

> Mandóla prender su padre
> y meter en escuridad,
> el agua hasta la cinta
> porque pudriese la carne,
> y perezca la criatura,
> que no viva de tal padre.

En cuanto al origen del protagonista, diremos que algunos
estudiosos, desde J. B. Depping, le han venido relacionando con
Eginardo (paje de Carlomagno) quien tuvo una historia de amor
con Emma, la hija del Emperador. Tal historia se contaba en

leyendas populares y, muy probablemente, daría origen al romance de Gerineldo; pero, en nuestra opinión, "El conde Claros" aborda una temática distinta, ya que segun se desprende de varios textos, don Claros es hijo de Reynaldos de Montalbán:

> Ya sabéis que el conde Claros
> El señor de Montalbán,
> de cómo le he criado
> fasta ponello en edad,
> y le he guardado su tierra
> que su padre le fué a dar,
> el que morir no debiera,
> Reynaldos de Montalbán. . .

Reynaldos, a quien está dedicada una de las más populares canciones del ciclo francés "Doon de Mayence," era hijo de Aymon de Dordone, coetáneo de Carlomago, y llego a luchar con éste (en los últimos años de la vida del Emperador. En el romance, el conde Claros se nos presenta como un caballero y guerrero que posee tierras de su propiedad, y no como un paje o secretario de la Corte. Nada hay, pues, en este sentido, que le relacione con Eginardo, quien por otra parte, y según la historia demuestra, no se casó (sino en la leyenda) con la hija del Emperador francés.

A e- so de la me- dia no- che

cuan- do los ga- llos can- tar,

don Car- los de mal de a - mo- res

no po- dí- a so- se- gar.

18. SAN ANTONIO Y LOS PAJAROS

Divino Antonio precioso,
suplícale al Dios inmenso
que, con su gracia divina,
alumbre mi entendimiento
para que mi lengua
pronuncie el milagro
que en el huerto obraste,
de edad de ocho años.
Desde niño fué nacido
con mucho temor de Dios;
de sus padres estimado,
y del mundo admiración.
Fué caritativo,
y perseguidor
de todo enemigo,
con mucho rigor.
Su padre era un caballero
cristiano, honrado y prudente,
que mantenía su casa
con el sudor de su frente;
y tenía un huerto
que es donde cogía
cosechos y frutas
que el tiempo traía.
Por la mañana, un domingo,

como siempre acostumbraba,
se marcha su padre a misa,
cosa que nunca olvidaba;
y le dice a Antonio;
—Ven acá, hijo amado,
escucha, que tengo
que darte un recado.
Mientras que yo esté en misa,
gran cuidado has de tener;
mira que los pajarcitos
todo lo echan a perder.
Entran en el huerto,
pican el sembrado,
por eso te encargo
que tengas cuidado.
Cuando se acercó su padre
y a la iglesia se marchó,
Antonio quedó cuidando
y a los pájaros llamó:
—Venid, pajarcitos,
dejad el sembrado,
que mi padre ha dicho
que tenga cuidado.
Para que yo mejor pueda
cumplir con mi obligación,
voy a cerraros a todos
dentro de esta habitación.
Y a los pajarcitos
entrar les mandaba,
y ellos muy humildes,

en el cuarto entraban.
Por aquellas cercanías
ningún pájaro quedó
porque todos acudieron
a lo que Antonio mandó.
Lleno de alegría
San Antonio estaba,
y los pajarcitos,
alegres cantaban.
Ya vió venir a su padre;
luego, les mandó callar.
Llegó su padre a la puerta
y le empezó a preguntar:
—¿Qué tal, hijo amado?
¿Qué tal, Antoñito?
¿Has cuidado bien
de los pajarcitos?
Antonio le contestó:
—Padre, no tenga cuidado,
que, para que no hagan mal,
todos les tengo cerrados.
El padre que vió
milagro tan grande,
al señor obispo
trató de avisarle.
Acudió el señor obispo
con grande acompañamiento,
quedando todos confusos
al ver tan grande portento.
Abrieron ventanas,

puertas a la par,
por ver si las aves
se quieren marchar.
Antonio les dijo a todos:
—Señores, nadie se agravie;
los pájaros no se van
mientras que yo no les mande.
Se puso a la puerta
y les dice así:
—Vaya, pajarcitos,
ya podéis salir.
Salgan cigüeñas con orden,
tórtolas, grullas y garzas,
gavilanes, avetardas,
grullas, mochuelas y grajas.
Salgan las urracas,
tórtolas, perdices,
palomas, gurriones
y las codornices.
Salga el cuco y el vilano,
burlapastor y andarríos,
canarios y ruiseñores,
tordos, carazos y mirlos.
Salgan verderones,
y las boadillas,
y las cogujadas
y las golondrinas.
Al instante se salieron;
todos juntitos se ponen
escuchando a San Antonio

para ver lo que dispone.
Antonio les dijo:
—No entréis en sembrado,
iros por los montes,
riscos y los prados.
Y al tiempo de alzar el vuelo,
cantan con dulce alegría,
despidiéndose de Antonio,
de toda su compañía.
El señor obispo,
al ver tal milagro,
por diversas partes
mandó publicarlo.
Arbol de grandiosidades,
fuente de la caridad,
depósito de bondades,
padre de inmensa piedad:
Antonio divino,
por tu intercesión
todos merecemos
la eterna mansión.

Cantó Eusebia Rico Vicente, 94 años,
de Nava del Rey (Valladolid).
Recogido el 5-XII-1977.

Es un claro exponente de un género que se ha venido a llamar
Romancero religioso tardío. En este caso, el lenguaje es sencillo,
tremendamente ingenuo en ocasiones, y, en general, su estilo y su
argumento nos recuerdan aquellos milagros de santos que tanto
proliferaron en Europa durante la Edad Media. El romance no es,

sin embargo, muy antiguo, y en su forma actual—tal como ha llegado hasta nosotros—no parece anterior al siglo XVIII. A pesar de ello, quizá esté inspirado en versiones precedentes que trataran el mismo tema. Su origen muy probablemente pudieron ser esos pliegos sueltos inspirados en los milagros y vidas de santos que tuvieron tan gran aceptación entre las gentes piadosas y humildes.

Poseemos gran cantidad de versiones, casi todas con la misma melodía sobre la que la memoria y el gusto musical de quien informa realiza su pequeña variante. Por otra parte, en cuanto a la estructura de sus elementos dramáticos, predomina lo narrativo sobre el diálogo, y carece de la intensidad progresiva en la exposición de la historia que el romance tradicional posee.

Di- vi- no An- to- nio pre- cio- so, su- plí-

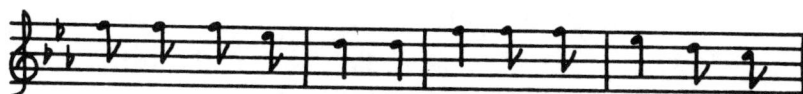

ca-le al Dios in- men- so que con su gra- cia di-

vi- na a- lum- bre mi en-ten-di- mien- to

pa- ra que mi len- gua pro-nun-cie el mi- la gro

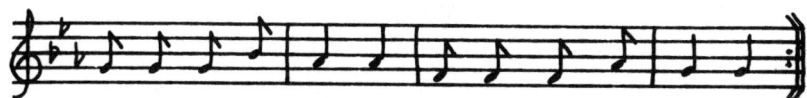

que en el huer-to o-bras-te de e-dad de o-cho a- ños.

19. *JESUCRISTO Y EL LABRADOR*

Viniendo un día de arar,
como los demás solían,
encontré un pobrecito
lleno de llagas y heridas.
—Por Dios, labrador, por Dios;
por Dios y de parte mía
que me lleve usté a caballo (y)
hasta llegar a la villa.
El labrador se ha bajado,
muy contento de alegría,
le ha llevado a su casa,
le ha dado lo que tenía;
el labrador le dió cama,
el pobre no la quería.
—Si tuviera usté un pajar,
en él me recogería.
A eso de la media noche
el labrador no dormía,
estaba considerando
la cuenta que a Dios daría.
Cogió un candil en sus manos
por ver lo que el pobre hacía
y vió que era Jesucristo;
la cruz por cama tenía.
—Si yo lo hubiera sabido

lo que en mi casa tenía,
le hubiera dao el corazón;
corazón y alma y vida.
—Alto, alto, labrador;
alto, alto. A la otra vida,
que allí tendrás una silla, (y)
una silla prevenida;
una para tu mujer,
otra para tu familia,
otra para tu criada
por buen servicio que hacía.

Cantó Petra Gómez de Cervera, 77
años, de Cervera del Pisuerga.
Recogido el 15-II-1976.

Es éste un tema que ha gozado de cierta popularidad sobre
todo en el medio rural, no solamente en forma de poema, sino
también como narración o leyenda. En Puebla de Sanabria
(Zamora) se cuenta que todo un pueblo se halla sepultado bajo las
aguas del lago por no haber socorrido ninguno de sus habitantes a
Jesucristo, que se presentó como mendigo. Dicen que en la noche
de San Juan aún se escucha el tañir de las campanas de la iglesia
en el fondo de las aguas, llamando a oración.

Otros romances que tratan asunto parecido son "La posadera
de Cristo," "El zapato de Cristo," y "Jesucristo en traje de pobre."
En todos ellos se premia o se castiga el comportamiento que ciertos
personajes tienen con el Redentor; el hecho de que éste se presente
como un pobre harapiento resalta aún más la generosidad de
quienes le ayudan, y descubre la hipocresía y mezquindad de
quienes le rechazan. En nuestro texto, el labrador muestra su
compasión hacia el pobre, dándole cobijo. La característica de que
los más humildes sean los que muestran más generosidad y

desprendimiento, es común a muchos de estos relatos, en que los ricos aparecen, frecuentemente, como avaros y duros de corazón. Concuerda esta circunstancia con las palabras evangélicas: "Es más fácil a un camello pasar por el ojo de una aguja, que a un rico entrar en el reino de los cielos" (San Marcos 10.25).

Cabe buscar el origen de este romance en la figura de Jesús, y, más directamente, en narraciones y leyendas ejemplares.

Vi- nien- do un dí- a de a-

rar co- mo los de- más so-

lí- an, en- con- tré un po- bre-

ci- to lle- no de lla- gas y he- ri- das.

20. LA SAMARITANA

Quién tuviera la fortuna
que tuvo la samaritana,
que en el brocal de su pozo
detuvo a Cristo en palabras.
No pensaba que era Cristo,
ni de Cristo se acordaba,
pensaba que era un mancebo
que de amores la trataba.
—Deja de pecar, mujer,
mira que has de ser juzgada;
con siete hombres has dormido,
con ninguno estás casada.
—Sepa usted bien lo que dice;
sepa usted bien lo que habla,
le ha de costar el dinero,
porque soy mujer honrada.
—¿Me lo negarás, mujer,
jueves santo de mañana,
que alojastes a un mancebo
por la tu baja ventana?
Y le pusistes al cuello
una reliquia preciada,
y se lo encargastes mucho
que no la dejara en casa.
Al oír estas palabras,

cayó pa atrás desmayada.
—Levántate de ahí, mujer,
que tú ya estás perdonada;
tres sillas hay en el cielo,
siéntate en la más preciada.

Cantó Constantina García, de 94 años,
en Palencia. Recogido el 14-II-1976.

Este tema es clasificado por José María de Cossío y Tomás Maza Solano en su *Romancero popular de la montaña* como uno de los escasos ejemplos bíblicos del género. La composición pertenece a esa corriente popular de leyendas y relatos religiosos que han circulado desde hace siglos dentro de la tradición cristiana junto a los textos considerados como canónicos, y a veces incluso al margen de ellos.

El episodio en que Jesucristo habla con la samaritana y le descubre sus pecados fué tomado también como asunto de sus obras por importantes pintores del Renacimiento y el Barroco.

La historia que nos cuenta el romance es una derivación—una amplificatio—del pasaje evangélico. La samaritana toma a Jesús por un galán, y éste, tras demostrarla que conoce su vida disipada, la revela finalmente su identidad divina prometiéndola un lugar en el cielo.

Muchos de estos romances persiguieron una finalidad didáctica y moralizante, consiguiendo, en pocas palabras, crear una imagen de un personaje y extraer de él las características positivas[13].

Quién tu-vie-ra la for-tu-na que

tu-vo la sa-ma-ri-ta-na,

que en el bro-cal de su po-zo____ de-tu-

vo a Cris-to en pa-la-bras.

21. LOS REYES

Buenas noches a las ocho,
buenas noches a las dos;
buenas noches tengan todos,
buenas noches nos dé Dios.
Esta noche son los Reyes,
segunda fiesta del año:
Cuántas damas se engalanan
a pedir el aguinaldo.
Nosotros se lo pedimos,
y ante esta puerta tornamos,
que no nos lo negarán
si los Reyes les cantamos.
Del Oriente, Persia, salen
tres reyes con alegría;
van guiados de una estrella
que luce de noche y día;
esta estrella no es errante
ni es cometa dividida,
que es el ángel que anunció
a los pastores la dicha
del nacimiento dichoso
de aquel divino Mesías.
Caminan los tres gustosos,
y, en llegando a Palestina,
la estrella se retiró,

pues así Dios lo quería.
No preguntan por posada
ni tampoco por comida;
preguntan por aquel Rey
que es autor de la vida.
Ya llegaron a Belén,
donde la estrella les guía,
vieron al recién nacido
en los brazos de María,
y con grande reverencia
se postraron de rodillas.
Al niño de Dios adoran
y a su madre esclarecida:
El uno le ofrece oro,
el otro le ofrece mirra,
el otro le ofrece incienso
que para el cielo camina.
Oro ofrecen como a Rey
de todas las jerarquías;
el incienso como a Dios,
potencia grande, infinita;
la mirra como inmortal,
misterios que ellos creían.
Estos soberanos dones
ofrecen con alegría;
los heredaron de Abraham
y de su genealogía.
Este día de los Reyes,
celebra la Iglesia misma
que sea fijado el mismo

en enero, a los seis días.
Ese dia se pusieron
los tres reyes en la pila,
donde fueron bautizados
por su majestad divina.
Tomás los echaba el agua
y sus nombres les ponía:
Al uno puso Melchor,
al otro, Gaspar ponía,
otro puso Baltasar;
¡oh, qué feliz compañía!
Los años que estos vivieron
en aquesta corta vida:
Melchor vivió ciento veinte,
¡oh, qué edad tan peregrina!
Gaspar vivió ciento diez,
¡oh, qué edad tan florecida!
Baltasar ochenta y tres,
también edad muy cumplida.
Y en el año del setenta,
según la Iglesia lo dicta,
recibieron el martirio
por su majestad divina.
Ahora, ilustres señores,
los que en esta casa habitan,
mándennos el aguinaldo
para que logren la dicha
de celebrar estos Reyes
de aquel divino Mesías.
(La oración ya se acabó;

adelante, vayan bien.
Bendito y glorificado
por siempre jamás, amén.)

Cantó un grupo de hombres y mujeres
en Villanueva de la Torre, Palencia.
Recogido en agosto de 1970.

Es este un romance utilizado para pedir el aguinaldo la
víspera del día de Reyes, como se desprende de la simple lectura
de los primeros versos. No obstante, el centro del argumento es el
tema de la adoración de los Magos en una narración detallada
cuyas fuentes de inspiración no son canónicas; es decir, no se basan
en los Cuatro Evangelios que la Iglesia acepta como inspirados por
Dios. La mayoría de los episodios que en el romance aparecen,
están contenidos en la Tradición cristiana y en los Evangelios
Apócrifos. Muchos de éstos, de procedencia árabe, armenia,
egipcia, abordan acontecimientos que en los Cuatro Evangelios
apenas superan el valor de la anécdota. Sin embargo, los Apócrifos
que tratan de la infancia de Jesús, se detienen en estos pormenores
y en nuevos hechos por ellos recogidos, o, simplemente, inventados.
Tiene especial interés el Evangelio Armenio de la Infancia. En él,
los Reyes Magos son tres (a diferencia de las tradiciones latina y
siríaca) y además hermanos: Melkón, el primero, rey de los persas;
Baltasar, el segundo, rey de la India; y el tercero Gaspar, soberano
de los árabes. Todos juntos acudirán a Belén en el momento
preciso del nacimiento de Jesús, y entregarán al Niño un libro
secreto (escrito según ellos por el mismo Dios y recibido por Set),
que habría sido transmitido de padres a hijos hasta los tiempos del
nacimiento del Salvador.
    En nuestro romance se cuentan algunos hechos, como el
bautismo y el martirio de los Reyes, pintorescos y claramente
apócrifos, que, curiosamente, el autor del romance quiere legitimar

añadiendo la frase "según la Iglesia lo dicta," cuando en realidad la Iglesia no dicta nada sobre ello.

El romance comenta la edad a la que murió Melchor, y le da el calificativo de "peregrina," utilizando el término en su sentido figurado: perfecta, excelente. Ciento veinte era el número redondo o perfecto para los hebreos. Ciento diez, un número muy utilizado entre los egipcios, es la edad a la que la Tradición hace morir a Gaspar. Baltasar muere más joven.

Desde que San Cesáreo les dió la denominación de "Reyes Magos" (que habría de adoptar la Tradición), o tal vez antes, la gente les veneraba como a santos. Sin embargo, la Iglesia no celebra su festividad el día seis de enero, sino la Epifanía, que en realidad son tres fiestas diferentes: La adoración de los Reyes, el bautismo de Cristo, y las bodas de Caná, tres manifestaciones de Jesucristo como Dios hecho hombre.

Es el án- gel que a -nun-

ció___ a los pas- to- res la

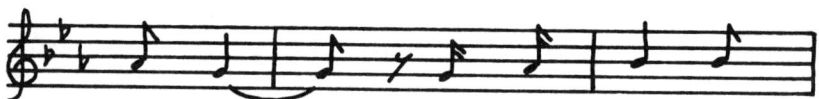

di- cha_____ del na- ci- mien-

to di- cho- so de a - quel di- vi-

no Me- sí- as_____

22. *LA MALA SUEGRA*

Se pasea Narbolita
por su barrido portal,
con los dolores de parto
que la hacían rodillar.
Desde el cuarto donde estaba,
su suegra la oía hablar:
—¡Quién pudiera estar ahora (y)
a parir y descansar!
—Si quiés ir en cá tu madre
a parir y descansar. . .
—Y si viene el mi don Güeso,
¿quién me le da de almorzar?
—Yo le daré del buen vino,
yo le daré del buen pan,
y de la caza que traiga
te guardaré la mitad;
de las perdices, lo menos,
de las palomas, lo más.
Uno por la puerta alante,
otro por la puerta atrás.
—¿Dónde está mi espejo, madre,
donde me suelo mirar?
—¿Por qué espejo preguntas, hijo?
¿Por el vidrio, o el de cristal?
—No pregunto po el de vidrio,

ni tampoco el de cristal;
pregunto por Narbolita,
donde me suelo mirar.
—La tu Narbolita, hijo,
buenos nos ha puesto ya:
A mí me trató de puta,
y a tí de "infrano lufal."[14]
Ha aparejado el caballo,
por su suegra fué a parar:
—¿Dónde está mi Narbolita,
donde me suelo mirar?
—La tu Narbolita, hijo,
un infante tiene ya.
—Ni el infante mame leche
ni la madre coma pan.
—¿Quién es ese pícaro, madre,
que de mí cuenta tan mal?
—Es el tu don Güeso, hija;
en busca de tí vendrá. . .
—Levántate, Narbolita,
si te quieres levantar;
si te lo digo otra vez, (y)
ha de ser con el puñal.
Ha aparejado el caballo,
por la sierra alante va:
—Recátate, mi don Güeso,
si te quieres recatar;
las ancas de tu caballo
cubiertas de sangre van.
Un poquito más alante

el niño ha empezado a hablar:
—Dios me deje cantar misa;
Dios me la deje cantar,
para el alma de mi madre
poderla yo encomendar,
y el alma de mi padre
no se sabe dónde irá,
y el alma de mi agüelita
en los infiernos está.

> Cantó Petra Gómez, 77 años, de
> Cervera del Pisuerga (Palencia).
> Recogido el 15-II-1976.

Hay algo que a nuestro juicio hace interesantes los romances en todas las épocas; algo que se refleja a traves de sus versos como una instantánea de la vida: vicios y virtudes; problemas arquetípicos que toman forma y nombre; demonios que se encarnan para tentar una y otra vez la débil voluntad humana. Contemplemos la variada gama de defectos que nos· ofrecen los personajes del romance presentado. Ramón Menéndez Pidal decía de él en uno de sus estudios sobre el Romancero: "Pelay Briz creía peculiar de Cataluña el romance de doña Arbola, pero éste es de lo más cantado desde los Balkanes hasta en las Islas de los Azores."[15] Y continuaba relatando cómo en 1905 escuchó el tema como acompañamiento de un baile en las Navas del Marqués (Avila).[16] Aunque el romance se encuentra entre los sefardíes de Marruecos (Larrea lo recoge en su *Cancionero Judío*) todo parece indicar que su introducción fué reciente.[17]

Al tema se le da el nombre, según las versiones, de "Doña Arbola," "Narbona," "Narbola," "Carmona," "Carmela," "Guillerma," o el más generico y elocuente de "La mala suegra." Como característica de interés se puede señalar lo supranatural que resulta oir, y más aún maldecir, a un niño recién nacido, aunque dicha situación se produzca esporádicamente en el romancero tradicional.

Se pa- se- a Nar- bo-

li- ta por su ba- rri- do por-

tal con los do- lo- res de

par- to que la ha-cí- an ro- di- llar.

23. *EL DESDICHADO*

El sábado por la tarde
por tu calle me paseo;
converso con tus vecinas
ya que contigo no puedo,
Pregunté que dónde estabas,
y al punto me respondieron: (y)
ha ido a por agua a la fuente
con dos cantarillos nuevos.
Así que la ví venir,
me tapé con el sombrero
porque no digan las gentes
que por tus amores muero.
Tú te has entrado en la iglesia,
con grande paz y sosiego
y has tomado agua bendita
con tu mano los dos dedos.
Te has hincado de rodillas
delante del Sacramento,
y estás atenta en la misa;
yo, vida mía, no puedo,
sólo en verte y en mirarte,
en eso se me va el tiempo.
A eso de la media misa,
yo me he salido el primero
para decir a mis padres

que me vistieran de negro.
Buen zapato, buena media,
buen pantalón, buen sombrero,
si con eso no me quieres,
a sentar plaza me vuelvo.
—Asienta plaza, galán,
asiéntala con sosiego.
—¡Qué palabras tan crueles
para un gallardo mancebo!
Primera amonestación
que el señor cura leyó,
primera puñaladita
que mi cuerpo recibió.
Segunda amonestación
que el señor cura leyó,
segunda puñaladita
que mi cuerpo recibió.
Tercera amonestación
que el señor cura leyera,
tercera puñaladita
que mi cuerpo recibiera.
Cuando te pregunte el cura
que si quieres a Fulano,
a mí me estarán tocando
a muerto en el campanario;
cuando el señor cura te eche
las arras en tu pañuelo,
a mí me estarán bajando
de la cama para el suelo.
Cuántas veces pasarás

por ese sitio sagrado,
y no será para decir:
"Dios le haya perdonado."

Cantó en Palencia Constantina García,
de 94 años. Recogido el 14-II-1976.

"El desdichado" pertenece a ese género de composiciones que, como "Los sacramentos" o "Los mandamientos," se encuentran a mitad de camino entre la canción amorosa o lírica y el romance. No son, desde luego, "romances" en la misma medida que "Gerineldo," "Delgadina," o, en definitiva, aquellos que por contar una historia (de manera objetiva y dialogada), poseer una peculiar estructura narrativa, y presentar una forma de octosílabo asonantado, podríamos denominar como romances de clase A. "El desdichado" y otros poemas semejantes siguen una construcción, diferente que se caracteriza por: 1. un argumento de carácter subjetivo y amoroso; 2. un cierto número de coplas o estrofas que, de forma variable, van siendo engarzadas alrededor de esa idea central. Tales estrofas, a menudo, tienden a un asonante común, pues no olvidemos que estas composiciones, por el mismo hecho de poseer un argumento (aunque éste pueda ser muy inconcreto) y presentar una larga extensión, no son meras composiciones líricas. En efecto, han sido transmitidas dentro de ese conjunto de temas que los informantes "especializados" en romances incluyen en su repertorio habitual, sin mayores consideraciones de carácter técnico.

El sá- ba- do por la tar- de
por tu ca- lle me pa- se- o_____
con_____ ver- so con tus ve- ci- nas_____
ya_____ que con- ti- go no pue- do.

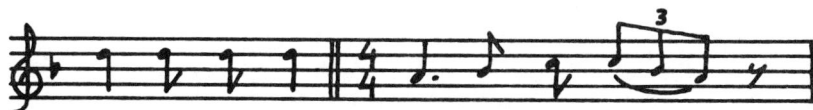

24. ROMANCE DE BODAS (LA ENHORABUENA)

Gracias a Dios que llegamos
al portal de la hermosura
donde se recrea el sol,
las estrellas y la luna.
Si a esta casa llegarías
y está formada en el aire,
lo son los que en ella habitan
caballeros principales.
Licencia pido a Jesús
y a la Virgen soberana
para cantar esta historia
que he aprendido en España.
Licencia pido al cerrojo,
licencia pido a la llave,
licencia te pido a tí,
licencia pido a tus padres.
Informado estoy, señores;
informado y muy de veras
que os veléis a la mañana:
Dios quiera que pa bien sea;
y que gocéis matrimonio
según tu amor lo desea,
y yo de mi parte vengo,
a daros la enhorabuena.
Mis amigas camaradas

ellas te darán la misma;
tus padres, que están presentes,
Dios les dé paz en la vida.
Y a tí, hermosísima dama,
que logres lo que deseas;
también digo a vos, galán,
hombre de muy altas prendas,
que la sepas estimar
con amor y reverencia:
no te la dan por esclava,
te la dan por compañera.
También digo a vos, señora,
que mañana ha de ser cierta
la bendición de tus padres
antes de ir a la iglesia.
Mañana será aquel día
de tu dulce matrimonio;
que a la puerta de la iglesia
estén la novia y el novio
con la madrina agarrada
y aquel pañuelo de seda,
y toda la compañía
a la puerta de la iglesia.
Y te dirá el señor cura
si le quieres a tu esposo,
y tú le responderás:
—Sí le quiero que es buen mozo.
Y tú le responderás
con muchísima vergüenza:
—Sí le quiero, sí le quiero,

y he de estar a su obediencia.
Atiende a lo que te digo,
mira que es cosa muy cierta,
la cual no saldrás de casa
sin su permiso y licencia;
y por si acaso salieres,
a tu vecina das cuenta,
por si viniera tu esposo
que tenga la puerta abierta.
Con esto no canto más;
queden con Dios, caballeros,
que a la mañana vendremos
para ir a misa con ellos.
Por ser el último día
que gozáis de mocedad,
todos los mozos y mozas
te vendrán a acompañar.
Ya se terminan las coplas;
señores, a todos digo
que nos perdonen las faltas
que en ellas hemos tenido.

Cantó un grupo de hombres y mujeres
en Villanueva de la Torre, Palencia.
Recogido en agosto de 1970.

Este romance se canta tradicionalmente la víspera del día de boda a los novios del pueblo de Villanueva de la Torre (Palencia). En el texto se les recuerda los deberes y obligaciones que habrán de tener en cuenta a lo largo de su nueva vida en común. La interpretación corre a cargo de los mozos y mozas (amigos de la pareja) que alternativamente se suceden en el canto.

Tras una alusión, casi mitológica, a los astros y una invocación a la divinidad, se hace referencia—creemos que simbólica—al cerrojo y la llave; son muchos los autores que, dentro del psicoanálisis del folklore, consideran al cerrojo y la llave como los símbolos sexuales femenino y masculino respectivamente. Aún se recuerda en muchos pueblos que la frase "tirar las llaves al río" equivalía al hecho de dejar de tener hijos.

Por las características de la canción y su aplicación a un rito ancestral, se conoce este tema con el nombre de la "Enhorabuena."

Que la se- pas es- ti- mar con a-

mor y re- ve- ren- cia   no te la dan

por es- cla- va_____   te la

dan por com- pa___ - ñe- ra.

25. *JESUCRISTO EN TRAJE DE POBRE*

Allá arriba, y allá arriba,
contra raya de Navarra (y)
ha nacido Jesucristo
y en traje de pobre andaba,
a pedir una limosna
a aquella ingrata cristiana.
—Por Dios te pido, mozuela,
por Dios, una jarra de agua.
La buena de la mozuela
coge la jarra y se marcha,
y dice la mesonera
llevada de los demonios:
—¿Dónde vas con esa jarra?
—Voy a dar agua a aquel pobre,
sentado a su puerta estaba.
—No quiero que beba el pobre (y)
en las vasijas de casa;
que beba en los sus pucheros,
les traerá llenos de sarna.
Ya se ausenta de allí el pobre,
por las calles caminaba.
—Deo gratias, dice a las puertas.
Le responden: —A Dios dadas.
Y un bueno de labrador
pronto llamó a su criada:

—Baja limosna a este pobre
y ponle la mesa blanca;
comerá de lo que coma,
beberá de lo que haya.
Y el pan se convierte en flores,
los garbanzos brillos de oro
que fuera del plato saltan.
El bueno del labrador
de puro gozo lloraba:
—¿Cuándo me habré visto yo
mejor visita en mi casa,
siendo yo el peor del mundo
que por esta tierra se halla?
Ya se ausenta de allí el pobre;
por las calles caminaba,
y en el medio del camino (y)
con dos arrieros se halla:
—Dadme una limosna, hermanos,
mirad que el cielo lo paga.
—Perdone por Dios, el pobre,
bien sabe Dios que no hay nada.
Ponte, pobre, en este macho
y hasta la primer posada;
ponte, pobre, en este macho,
no te vayas por el agua.
Ya llegaron al mesón,
llaman a la mesonera:
—Mete pa dentro las cargas.
—Pobre, te he dicho otra vez,
no has de dormir en mi casa

(y) aunque a mi Dios ofendiera.
Le cogieron los arrieros,
le llevan para la cuadra:
—Toma, pobre, cena esto;
si quieres, vete a por agua,
que vino no lo bebemos,
que el caudal no nos alcanza.
. . . .
—¡Qué condenada me veo
sólo por un jarro de agua
que no quise dar a Cristo
que en traje de pobre andaba.

> Cantó el señor Emilio en Villanueva
> de la Torre, Palencia. Recogido en
> agosto de 1970.

No cabe duda de que este tipo de narraciones poseen al mismo tiempo una moraleja religiosa y otra social. Al identificar a Jesús con los mendigos, se fomenta la caridad hacia éstos, ya que quien les niegue la limosna puede correr la suerte de la mesonera de nuestro romance.

El argumento cuenta con suficientes factores como para que haya interesado a la gente humilde, ayudando así, en gran medida, a su difusión.

Los personajes que aparecen en el relato son perfectamente reales lo que, pese al asunto tratado, da cierta cotidianeidad al romance, y le acerca más al contexto en el que va a ser cantado. El castigo final que recibe la mesonera se acentúa en otras versiones,[15] en que los demonios la arrebatan y la hacen pagar cumplidamente su falta de caridad.

A- llá a-rri- ba y a- llá a-   rri-   ba,

con- tra ra- ya de Na- va-rra y ha na- ci- do

Je- su- cris- to_____

y en tra- je de po- bre an- da- ba.

26. LAS DOCE PALABRAS

Estas doce palabras
dichas y torneadas:
Una es una,
la que parió en Belén,
Virgen y pura es.
Estas doce palabras
dichas y torneadas:
dos son dos,
las tablas de Moisés;
una es una,
la que parió en Belén,
Virgen y pura es.
Estas doce palabras
dichas y torneadas:
Tres son tres,
las tres trenidades;
dos son dos,
las tablas de Moisés;
una es una,
la que parió en Belén,
Virgen y pura es.
Estas doce palabras
dichas y torneadas:
Cuatro son cuatro,
los cuatro evangelistas;

tres son tres,
las tres trenidades;
dos son dos,
las tablas de Moisés;
una es una,
la que nació en Belén,
Virgen y pura es.
Estas doce palabras
dichas y torneadas:
Cinco son cinco,
las cinco llagas;
cuatro son cuatro,
los cuatro evangelistas;
tres son tres,
las tres trenidades;
dos son dos,
las tablas de Moisés;
una es una,
la que nació en Belén,
Virgen y pura es.
Estas doce palabras,
dichas y torneadas:
Seis son seis,
los seis candelorios;
cinco. . .
Estas doce palabras
dichas y torneadas:
Siete son siete,
los siete gozos;
seis son seis. . .

Estas doce palabras
dichas y torneadas:
Ocho son ocho,
los ocho coros;
siete. . .
Estas doce palabras
dichas y torneadas:
Nueve son nueve,
los nueve meses;
ocho son ocho. . .
Estas doce palabras
dichas y torneadas:
Diez son diez,
los diez mandamientos;
nueve. . .
Estas doce palabras
dichas y torneadas:
Once son once,
las once vírgenes;
diez son diez. . .
Estas doce palabras
dichas y torneadas:
Doce son doce,
los doce apóstoles;
once son once,
las once vírgenes;
diez son diez,
los diez mandamientos;
nueve son nueve,
los nueve meses;

ocho son ocho,
los ocho coros;
siete son siete,
los siete gozos;
seis son seis,
los seis candelorios;
cinco son cinco,
las cinco llagas;
cuatro son cuatro,
los cuatro evangelistas;
tres son tres,
las tres trenidades;
dos son dos,
las tablas de Moisés,
una es una,
la que parió en Belén,
Virgen y pura es.

Cantó Petra Gómez, de Cervera de
Pisuerga (Palencia)

Es un tema muy difundido con carácter de conjuro o fórmula religiosa. Es posible que se encierre asimismo en él una escondida finalidad didáctica. Conocemos cuentos y leyendas que incluyen la misma sucesión repetida de palabras, en parecida forma al romance. En algunos de ellos se narra que, cuando un hombre muere, y su alma va a cruzar el puente que la separa de la eternidad, aparece el diablo y la pregunta las doce palabras, y, solamente si las conoce, podrá proseguir su camino.

Oskar Fleischer expone asi la evolución de una canción celta que trata el mismo tema: "La Armórica ocupa por sus cantos populares bretones, una posición especial en la historia de la música popular. Muchos de los temas que reflejan las ideas y tradiciones celtas, viven todavía hoy en Bretaña, de forma tradicional. Entre éstos hay uno que por su fondo y forma nos recuerda los tiempos en que Druidas y Bardos eran los encargados de educar al pueblo: la serie del número uno, que es igual a la muerte; dos, los bueyes uncidos; tres, las comarcas del mundo; cuatro, las piedras de afilar. . ."[18]

Más cercana a nosotros, la tradición judía va glosando cada uno de los números con las diversas creencias de su religión: uno, Dios; dos, las tablas de la Ley; tres, los patriarcas; cuatro, las matriarcas; cinco, los libros de Moisés; siete, los días de la semana; nueve, los meses de embarazo; diez, los mandamientos; etc. . .

Es- tas do- ce pa- la___ - bras

di- chas y tor- ne- a___ - das:

U- na es u- na la que na- ció en Be- lén,

Vir- gen y pu- ra es___ Es- tas do- ce pa-

la___ -bras di- chas y tor- ne- a___ - das:

Dos son dos las ta- blas de Moi- sés,

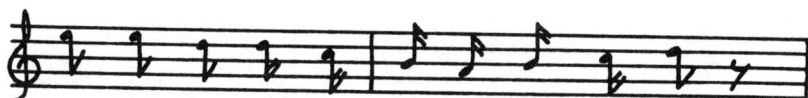

u- na es u- na la que na- ció en Be- lén,

Vir- gen y pu- ra es____ Es- tas do- ce pa-

la___-bras di- chas y tor- ne- a___- das:

Tres son tres las tres Tre- ni- da___- des dos son

dos las ta- blas de Moi- sés,   u-   na es

u-   na   la   que   na-   ció en   Be-

lén,   Vir-   gen   y   pu-   ra   es...

27. A BELEN LLEGAR

Emprendieron su viaje
la Virgen y San José
según costumbre tenían
de empadronarse en Belén.
La Virgen va encinta,
larga es la jornada;
vamos a ayudarla
que ya irá cansada.
Entraron en la ciudad
y fué para desconsuelo,
porque no encuentran posada
estos pobres forasteros.
La Virgen le dice:
—No busques posada,
que todas las puertas
las tienes cerradas.
Llegó San José llorando
a la puerta de un mesón
y el mesonero, inhumano,
"¿quién me llama?" contestó.
—Son dos caminantes
que buscan posada:
es un hombre anciano
y una embarazada.
Furioso cual ningún hombre

contestó el mesonero:
—Que huéspedes en mi casa
no los quiero sin dinero.
Marchemos alegres
luego a caminar;
antes de las doce
a Belén llegar.
A las doce menos cuarto,
San José fué a buscar leña
para calentar la Virgen,
porque de frío se hiela.
Cuando José vino
a encender la luz,
se encontró nacido
al niño Jesús.
San José llora de gozo,
y de esta suerte decía:
—¿Cuándo he merecido yo
ser esposo de María?
La Virgen le dice:
—No llores José,
que así lo ha dispuesto
el Dios de Israel.

Cantó Constantina García, en Palencia.
94 años. Recogido el 14-II-1976.

Es uno de los raros ejemplos de este tema en que aparecen combinados versos octosílabos y hexasílabos. Podría hablarse incluso en este caso, de un paso intermedio entre la canción lírica hexasilábica de la que procede ("Caminad Señora, si queréis caminar") y el romance-tipo asonantado. Este hallazgo viene a confirmar la teoría de Menéndez Pidal sobre cómo las composiciones de los siglos XIV y XV en metro estrófico pero con estructura y discurso de romance, se homogeneizaron con el metro octosilábico del romance tradicional.

Para comprender mejor el paso andado por el tema a través de diferentes versiones ofrecemos los primeros versos de estas cinco:

1. Manuscrito núm. 3913, folio 64 vto. de la Biblioteca Nacional; siglo XV

> Caminad señora
> si queréis caminar
> que los gallos cantan
> cerca está el lugar.

2. Francisco de Ocaña. *Cancionero para cantar la noche de Navidad y las fiestas de Pascua* (Alcalá de Henares, 1603).

> Caminad, esposa,
> Virgen singular,
> que los gallos cantan
> cerca está el lugar.

3. Juan Alfonso Carrizo. *Cancionero de la Rioja* (Buenos Aires, 1942).

> Camina camina
> la Virgen María,
> a San José lleva
> en su compañía:
> Compañía más dulce
> no podrá encontrar.
> Ya los gallos cantan
> cerca está el lugar.

4. María Dolores de Torres. *Cancionero de Jaén* (Jaén, Instituto de Estudios Gienenses, 1972)

Iba caminando
la Virgen María,
San José con ella
en su compañía.
Compañía más buena
no la ha de encontrar:
Antes de las doce
a Belén llegar.

5. Joaquín Díaz, Luis Díaz Viana y José Delfín Val. *Catálogo folklórico de la provincia de Valladolid*, núm. 49 (1978)

A Belén camina
la Virgen María
y a su esposo lleva
en su compañía.
¡Qué amante tan fino
que no es de olvidar!
Antes de las doce
a Belén llegar.

Em- pren-die- ron su vi- a- je

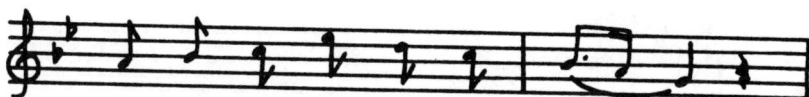

la Vir- gen y san Jo- sé_____

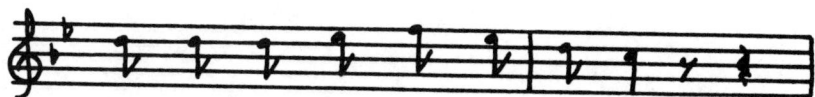

se- gún cos- tum- bre te- ní- an

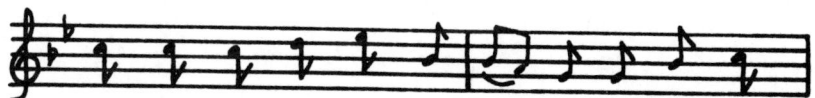

de em- pa- dro- nar-se en Be- lén__ la Vir-gen va en-

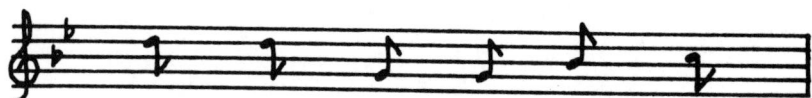

cin- ta lar- ga es la jor-

na- da, va- mos a a- yu-

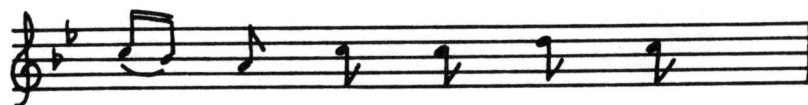

dar__ - la va- mos a a- yu-

dar__ - la que ya i- rá can- sa- da.

28. *LA MUERTA RESUCITADA*

Palabras de casamiento
se dieron dos en un día,
y se las dieron tan firmes,
que a negarse no podían.
Su padre que lo supo,
de casarla determina
con un mercader muy rico
que de las Indias venía.
Don Juan, que esto ha oído,
embarcarse determina:
por la calle de su dama
hizo la primer visita.
—Adiós, Angela, la aurora;
adiós Angela Almesías,
yo no te podré olvidar
en lo que en el mundo viva.
—Adiós, don Juan de mi alma;
Adiós, don Juan de mi vida,
mis bodas se han de poner
miércoles a medio día,
y mis bodas y mi muerte,
todo ha de ser en un día.
Jueves, estando comiendo,
para su cuarto se iba:
Delante del Santo Cristo,

allí se hincó de rodillas
a pedirle allí la muerte,
antes que fuera vencida.
Cuando menos, se lo obtuvo,
que allí se queda tendida.
Viendo el mercader que falta,
de buscarla determina;
viendo que no la encontraba,
para su cuarto se iba,
y según que abrió la puerta,
allí la encontró tendida.
El mercader que esto vió,
desmayado se caía,
y después que volvió en sí
estas palabras decía:
—Eso bien lo dije yo,
eso yo bien lo decía:
que no estaba para mí
esa rosa tan florida.
Ya trataron de enterrarla,
la entierran en la capilla
al pie del altar mayor,
donde la Virgen María.
A eso de los siete meses,
don Juan por allí volvía,
y en la calle de su dama
hizo la primer visita.
Todo lo encontró cerrado:
ventanas y celosías,
y en la ventana más alta

había una blanca niña
toda vestida de luto,
hasta el clavel que traía.
—Dime tú, la niña blanca;
dime tú, la blanca niña,
¿a quién guardas tanto luto,
que tan bien me parecía?
—A doña Angela, la aurora,
a doña Angela Almesías;
por doña Angela, la aurora,
la que usted tanto quería.
—Dime tú, la niña blanca;
dime tú, la blanca niña
a dónde estaba enterrada
doña Angela Almesías;
doña Angela, la aurora,
la que yo tanto quería,
que quiero hacerla oración
la mayor parte del día.
—Al pie del altar mayor,
allá alante en la capilla;
al pie del altar mayor
donde la Virgen María.
Allí estuvo en oración
la mayor parte del día.
El fraile ya se cansaba
y estas palabras decía;
—Salga, caballero, salga;
salga, señor, por su vida,
que desenterrar los muertos

a mí mal me parecía.
—Venga, el ermitaño, venga,
écheme esta losa arriba,
que traigo una bolsa de oro
que para usted no venía,
pero si usted me ayudara
ésta para usted sería.
La ha llamado siete veces
y a ninguna respondía;
sacó su dorao puñal
de sus doradas petrinas,
para darse allí la muerte,
para hacerla compañía.
La Virgen que esto vió
echó su cortina arriba:
—No quiero que se me mate
un devoto que tenía,
que quiero que resucite
la que está muerta: Que viva.
Se levantó sonriendo,
que de la tierra salía;
salieron sus manos blancas
como las del primer día,
sacudiendo sus cabellos
que de la tierra salían.
El mercader que esto ha oído,
todo oficial lo ponía:
pleitos van y pleitos vienen,
ya responde la Justicia
que se la den a don Juan,

que don Juan la merecía,
que quien la quiso de muerta,
mejor la querrá de viva.
Así vivieron cien años,
cien años menos un día,
y al cabo de los cien años
mueren los dos en un día,
y los dos juntos al cielo,
y los dos juntos subían.

> Cantó doña Catalina Jorrín, de 78
> años, en Alar del Rey (Palencia).
> Recogido en agosto de 1970.

El tema que trata este romance, tiene un antecedente indirecto y remoto en los milagros de la Virgen, tan populares en la Edad Media, de los cuales Berceo recogió algunos ejemplos. La popularidad de que disfruta esta composición tal vez sea debida al atractivo que poseen los temas incluidos en ella: oposición paterna a la boda de los amantes; ausencia forzada de uno de ellos; y, sobre todo, la intervención de la Virgen que resuelve la situación con justicia y milagrosamente.

Muchos de los ejemplos recopilados sitúan la acción entre Granada y Sevilla, lo que puede explicar la repetida alusión al viaje hacia las Indias. Según las versiones la protagonista se apellida Medina, Mejías, del Mesías, Mesillas, y Almesía. Ramón Menéndez Pidal dice de este romance que "parece compuesto con ocasión o recuerdo de cierto suceso muy impresionante ocurrido hacia el año 1500 en la iglesia de Santo Domingo el Real de Madrid. La mujer del Comendador don Juan de Castilla, por inadvertencia, fué enterrada viva y hallada después muerta fuera del ataúd."[20] Sin embargo, existen varias diferencias en las lecciones que nos han llegado, con respecto a esta historia, y el

hecho de que el protagonista se llame don Juan no es del todo
probatorio. Por otro lado, Diego Catalán considera a este romance
como de "ciego" popularizado,[21] lo que unido a la longitud de las
versiones existentes y la gran similitud entre ellas le daría un
origen más tardío.

Pa- la- bras de ca- sa- mien-to   se die-

ron dos   en   un   dí-   a   y   se

las   die- ron tan fir- mes   que ne-

gar- se   no po-   dí-   an.

29. LOS DOS RIVALES

En la ciudad de Madrid,
por los Caños de las aguas
se pasean dos amantes,
dos amantes camaradas.
Juntos comen, juntos beben,
juntos juegan a la barra;
juntos se han enamorado
de una muy linda cara.
Ella es hija de un platero
y por nombre tiene Juana;
no la deja ir a misa
como no sea con guardias.
Y una noche en las Comedias,
allí empezó su desgracia;
se sentó en par de don Jorge
sin pensar de que allí estaba
yo, la mi Juana querida;
yo, la mi querida Juana.
—Dime si se te ofrece
dinero, joyas, alhajas. . .
—Muchas gracias, sí, don Jorge,
yo se lo estimo en el alma,
que mientras mi hermano viva
a mí no me falta nada,
y si mi hermano muriera,

lo que había, yo heredaba.
Descuidadita la niña,
fué y sacó sus manos blancas,
y en ellas, una sortija
de marfil sobredorada.
—Esta sortija, Juanita,
otras manos ocupaba,
que se la dí yo a don Diego
cuando era camarada.
Mucho lo niega la niña,
mas no lo niega su cara;
se ha puesto coloradita
como una rosa encarnada.
Acabadas las Comedias
todos van para su casa,
menos el traidor don Diego
que en busca don Jorge andaba.
No le encontró en las Comedias
y se fué para su casa,
y al subir de una escalera,
con un niño se encontraba.
—¿Dónde está tu señor, niño?
—Mi señor cenando estaba.
—Dile que cene y que baje,
que don Diego le aguardaba.
Don Jorge se lo presumió,
y ya se previene y baja.
Se cogieron cuerpo a cuerpo,
y hasta el Arenal pasada;
entrando en el Arenal,

ya dejaron caer las capas;
y, "a pelear, perro," le ha dicho,
"a pelear, perro canalla."
La luna se para y mira
cómo esos dos se maltratan.
Don Jorge cayó rendido,
rendido sobre su capa.
Don Diego de que lo vió,
ha recogido sus armas;
se cogió dos piedrecitas
del tenor de una avellana,
la pequeñita de ellas,
la tiró por la ventana:
Ella, como no dormía,
que con el cuidado estaba,
"¿quién está a mi puerta?" dijo;
"¿quién está a mi puerta y no habla?"
—Don Diego, flor de los hombres;
aquél que te estima y ama.
—¿De dónde vienes, don Diego,
que traes la espada manchada?
—De matar a aquel traidor
que en las Comedias te hablaba.
—Muy mal has hecho, don Diego,
en matar tan linda cara;
muy mal has hecho, don Diego,
que no te ofendía en nada.
—También te mataré a tí,
si el cielo santo me ampara.
Al subir de la escalera

le ha dado una puñalada,
y al ruido que ellos hacían,
el hermano despertaba:
—Yo, la mi hermana querida,
yo, la mi querida Juana,
pensé que estabas durmiendo
y estabas amancebada;
¿qué me habías dicho tú a mí,
que no habías de ser casada;
que te habías de meter monja
en los conventos de Santa Clara?
Todos tres mueren en una noche:
Don Jorge, don Diego, y Juana.
Y esto sucedió en Madrid,
en los Caños de las aguas;
y esto sucedió en Madrid
a las tres de la mañana.

Cantó doña Catalina Jorrín, 78 años,
en Alar del Rey (Palencia). Recogido
en agosto de 1970.

Este singular romance, poco estudiado por los tratadistas del género, ha sido recogido en versiones semejantes a la nuestra por José María de Cossío y Maza Solano, Narciso Alonso Cortés, y Juan Menéndez Pidal. Su tema, de duelo, sangre, y desafíos, nos recuerda aquellas comedias de capa y espada que tan en boga estuvieron en nuestro Siglo de Oro. El enredo amoroso, la rivalidad de los dos caballeros, y el desenlace trágico, son elementos propios de tales obras.

La fingida precisión en los detalles (lugar, hora de los hechos, situación social y familiar de los personajes) corresponde al estilo llamado de pliego suelto o de cordel, tan dado a lo artificioso y literario. La misma temática encaja, por su carácter novelesco, en este tipo de pseudo-literatura popular. Por el contrario, la característica esencial de los romances nacidos dentro de la corriente tradicional, o enteramente asimilados a ella, es una gran síntesis en la narración de los hechos y una enorme abstracción de los elementos utilizados, con la supresión o transformación de los detalles concretos.

En la ciu- dad de Ma- drid__ por los
Ca- ños de las a- guas se pa-
se- an dos a- man- tes, dos a-
man- tes ca- ma- ra- das.

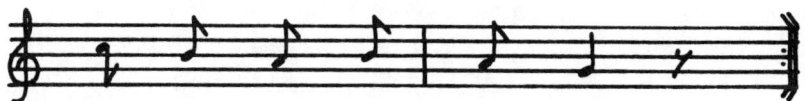

30. LAS DOS HERMANAS

Cásanse las dos hermanas;
juntas se casan un día.
Cásanse con dos indianos
que de las Indias venían.
El uno era jugador,
el otro bienes traía;
vino tiempo y llegó tiempo
que el jugador se moría.
Dejó la mujer encinta
con cinco hijos de familia,
y el más pequeñito de ellos
pide pan, y no lo había.
—Vete hijo en cá mi hermana;
vete hijo en cá tu tía
que te diera medio pan
por Dios y Santa María,
que te diera medio pan,
que Dios se lo pagaría.
—¿Cómo he de ir yo, madre,
si no va usté en compañía?.
Lo ha agarrado de la mano,
y a casa la hermana iba.
—Dame hermana medio pan,
por Dios y Santa María;
dame hermana medio pan,

que Dios te lo pagaría.
—Mantente hermana a la rueca,
como otras se mantenían,
que nuestro padre, hace tiempo,
partió tu hacienda y la mía.
—¿No está bien de mantener
cinco bocas y la mía,
y otra que tengo en el vientre
que comer también quería?.
Se volvió para su casa
más desconsolada que iba;
se encerraron en un cuarto,
el más oscuro que había.
Vino el cuñado de arar,
como otras veces venía,
ya estaba la mesa puesta,
la servilleta tendida;
ya se puso a partir pan,
gotas de sangre caían.
—¿Qué es esto, la mi mujer?
¿Qué es esto, la mujer mía?
¿Ha venido acá algún pobre
que limosna te pedía?.
—No ha venido ningún pobre,
sino que una hermana mía,
que le diera medio pan
que Dios me lo pagaría,
y no se lo quise dar
como a una desconocida.
—Si no lo das a tu hermana,

se lo darás a la mía.
Cogió cinco panecillos,
en la capa lo metía;
cogió la calle Noncera,
donde la cuñada iba.
Todo lo encontró cerrado,
ventanas y celosías,
y en la ventana más alta
había una lucecita.
Ha subido la escalera
y llegó hasta la cocina:
todos los encontró muertos
y a su madre en compañía,
menos el más chiquitín
que todavía vivía.
Le dijo:—Si quieres pan. . .
Dijo que no lo quería:
—Que estoy rogando en los cielos
por la mala de mi tía.
Se volvió para su casa
más desconsolado que iba,
y vió a su mujer colgada
de una soga que allí había,
más negra que aquellos sarros
que aquel palacio tenía.
Y aquí se acaba el papel,
y aquí se acaba la vida.

Cantó en Alar del Rey, Catalina Jorrín;
78 años. Recogido en agosto de 1970.

Esta composición encierra una moraleja bastante frecuente en el romancero tradicional: De las dos hermanas—la pobre y la rica,—es la segunda quien, con su mal comportamiento provoca la tragedia familiar y su propia desgracia. Jesús Alvarez Fernández Cañedo, en su obra "El habla y la cultura popular de Cabrales,"[22] recoge este tema en bable, como uno de los ejemplos de romance de la zona.

> Cásansi las dos ermanas
> šuntas cásensi un día,
> cásensi con dos ermanos
> que de las Indias binían.
> El unu era šugador,
> l'otru hacienda pidía.
> Binu tiempu y pasó tiempu
> qu'el šugador se murría.
> Dešó la muyer en cinta
> con cincu hiyos que tía.
> El más chicu pidi pan
> benditu'l bocau abía.
> "Baiga la mio madri, baiga,
> a casa de nuöstra tía
> a pidiye mediu pan
> por Dios y Santa María"...

Cá- san- se las dos her- ma- nas, jun- tas
se ca- san un dí- a, ca- san-
se con dos in- dia- nos que de
las In- dias ve- ní- an.

NOTAS

[1]Vid. Ramón Menéndez Pidal, *Del honor en el teatro español* (Colección Austral, núm. 120, 1940) p. 147 y ss.

[2]M. Menéndez Pelayo, *Antología de poetas líricos castellanos* (Madrid, C. S. I. C., 1945), p. 217, nota 1.

[3]Paul Bénichou, *Romancero judeo-español de Marruecos* (Madrid, Editorial Castalia, 1968), p. 176.

[4]Constantino Nigra, *Canti popolari del Piemonte* (Torino, Ermanno Loescher, 1888), p. 294.

[5]M. Menéndez Pelayo, *op. cit.*, p. 244.

[6]G. Margouliès, *Revue de littérature comparée*, 1928, pp. 304-309.

[7]Braulio do Nascimento *et al.*, *El romancero oral*, (Madrid, Seminario Menéndez Pidal, 1972), pp. 241-242.

[8]Gonzalo Menéndez Pidal, *Romancero español* (Barcelona, Editorial Exito, 1951), p. lv.

[9]Ramón Menéndez Pidal, *Romancero hispánico* (Madrid, Espasa-Calpe, 1953), t. II, p. 325 y nota 15.

[10]Alvaro Galmés *et al.*, *El romancero oral* (Madrid, Seminario Menéndez Pidal, 1972), pp. 119-126.

[11]Carlos Amorós editó un pliego hacia 1525, en Barcelona. Martín Nucio publicó su Romancero en Medina del Campo en 1550.

[12]Falla utilizó la melodía para uno de los cuadros del *Retablo de maese Pedro*.

[13]Hay otro romance, a nuestro juicio menos popular en cuanto a su estilo, que trata el mismo tema. Vid. Diego Catalán, *La flor de la marañuela*, núm. 70 y José Manuel Feito, "Romances de la tierra somedana," *Boletín del Instituto de Estudios Asturianos* (Oviedo, 1958), p. 7.

[14]Suponemos que se trata de "infame rufián," pero la informante lo cantó como lo había aprendido.

[15]R. Menéndez Pidal, *Romancero hispánico* (Madrid, 1953), t. II, p. 320 y nota 29.

[16]R. Menéndez Pidal, *Ibid.* p. 298.

[17]Arcadio de Larrea, *Cancionero judío del norte de Marruecos*, (Madrid, C. S. I. C., 1952, núm. XLVI. Samuel G. Armistead y Joseph H. Silverman ofrecen versiones de Oriente en sus *Tres calas en el Romancero Sefardí* (Madrid, Editorial Castalia, 1979).

[18]Vid. José M. Cossío y Tomás Maza Solano, *Romancero popular de La Montaña* (Santander, Sociedad Menéndez Pelayo, 1933), núm. 411.

[19]Oskar Fleischer, *Sammelbände der internation-alischen Musik*, t. I, p. 38.

[20]Ramón Menéndez Pidal, *Romancero hispánico*, t. I, p. 337.

[21]Vid. Diego Catalán, *La flor de la marañuela*, núm. 96.

[22]*Revista de Filología Española*, Anejo LXXVI, (Madrid, 1963).

MELODIAS

Convendría, antes de pasar a la lectura de estas melodías, resaltar algunas características sobre la interpretación y forma de los romances ofrecidos. Cabe destacar en primer lugar, que, salvo en dos ejemplos[1] en todos los demás se cantó sin acompañamiento instrumental; la tesitura empleada estuvo dentro del registro medio, y la ornamentación fué escasa. Las melodías se desarrollaron siempre dentro del ámbito de una octava, y procuramos elegir para la transcripción las frases musicales más características y correctas; por ello, no siempre coincidirán los primeros versos del romance con la notación presentada, sino que acoplaremos a ésta los octosílabos que correspondan.

Después de años de estudio sobre el romance y con más de cuatrocientas versiones consultadas, todas ellas de tradición oral, hemos llegado a la conclusión de que existen, ateniéndonos a la combinación de frases literarias y musicales (que, como es notorio, no se corresponden en todas las ocasiones), diversos estilos de los que reseñaremos los más frecuentes:

1. *Estilo regular.* Es aquel en que coinciden las cuatro primeras frases musicales con los cuatro octosílabos que encabezan el romance, de la siguiente forma:

$A=a^2$
$B=b$
$C=c$
$D=d$

2. *Estilo irregular.* Le hemos dividido en varios apartados:

I. *Popular simple.* En él, la frase musical se corresponde con los dos primeros octosílabos, repitiéndose hasta el fin: A=a+b. Salinas, en el siglo XVI, transcribe así muchos de los romances populares contenidos en su famosa obra *De musica libri septem.*

II. *Popular doble.* Se compone de dos frases musicales a las que corresponden 2 ó 4 octosílabos, en la forma siguiente:

A=a+b
B=c+d
    o
A=a
B=b

III. *Popular triple.* Son tres las frases musicales, repartidas, adecuadamente, con cuatro frases literarias; véase el ejemplo de "Amnón y Tamar:"

A=a
B=b+c
C=d

IV. *Clásico.* En él, una frase musical es igual a un dístico dieciseisílabo:

A=a+b+c+d

Algunos vihuelistas, en el Renacimiento, utilizaron este estilo que es muy común en la tradición actual.

Entre las variantes más significativas que se pueden producir sobre estos estilos, destacan las siguientes:

1. Repeticiones.
    a. Sólo se repite la frase musical:
        A=a+b
        B=c+d
        B=e+f

Comúnmente se busca con esta repetición una acomodación de la melodía al sentido de la frase literaria que no haya terminado en el octosílabo 'd.'

b. Se repite la frase musical y la secuencia literaria correspondiente. Por lo general, se utiliza como pequeño recurso memorístico para acordarse de la letra que viene a continuación, y el tiempo de repetición facilita la repentización del siguiente texto.

2. Estribillos. Son frecuentes, sobre todo, en los temas transmitidos dentro del romancero infantil, ya que sirven de ayuda en los juegos durante los que se interpretan; recordemos el 'miarramiau' de Don Gato, los frecuentes 'ay, ay,' o 'Con el oritín,' 'Boroborová', etc.

		RJE (1)	RPM (2)	FM (3)	CFV (4)
1.	La rueda de la fortuna	S8+M5	130-131		
2.	Don Pedro	X1+T6 +H3	62	16+17	
3.	El marinero	U3	398-401	51	57
4.	Isabel (Rico Franco)	O2	182-183	49	31
5.	La doncella guerrera	X4	274	57	30
6.	Delgadina	P2	163-174	22	7
7.	Don Gato	W1	349-354	52	41
8.	D. Bueso y su hermana cautiva	H2	189-193	28	14
9.	Gerineldo y la Condesita	Q1+I7	76-81	7+26	3+4
10.	La boda estorbada	I7	82-96	26	4
11.	La Virgen se está peinando	J4	455-460	72, 73	21

12.	La Pasión 8-14	C15	439		20
13.	La Virgen y el ciego		426-434	66	19
14.	El conde Olinos	J1	35-46	12	2
15.	Amnón y Tamar	E17	4-7	23	1
16.	El quintado y la aparición	J3+J2	241-252	48+15	46
17.	El conde Claros	B11+B10 +B12	58-61	8	26
18.	San Antonio y los pájaros				15
19.	Jesucristo y el labrador		408-410		16
20.	La Samaritana		8-9		
21.	Los Reyes		495, 498		106
22.	La mala suegra	L4	135-152		9
23.	El desdichado	S12	323-328		40
24.	Romance de Bodas				
25.	Jesucristo en traje de pobre		411		
26.	Las doce palabras				101
27.	A Belén llegar		414-415		49
28.	La muerta resucitada		231-239	96	12
29.	Los dos rivales		297		
30.	Las dos hermanas	X27	215-218		

NOTAS

[1]S. G. Armistead et al., *El Romancero judeo-español en el Archivo Menéndez Pidal* (Madrid, Cátedra Seminario Menéndez Pidal).

[2]J. M. Cossío y T. Maza Solano, *Romancero popular de la Montaña*, (Santander, Sociedad Menéndez Pelayo, 1933).

[3]Diego Catalán *et al.*, *La flor de la marañuela* (Madrid, Seminario Menéndez Pidal y Editorial Gredos, 1969).

[4]J. Díaz, L. Díaz y J. D. Val. *Catálogo folklórico de la provincia de Valladolid*, (Diputación de Valladolid, 1979).

BIBLIOGRAFIA

ROMANCEROS Y PLIEGOS

Alonso Cortés, Narciso, *Romances populares de Castilla*. Valladolid: Tipografía Eduardo Sáenz, 1906.

Alonso Cortés, Narciso, "Romances tradicionales," *Revue Hispanique*, L (1920).

Armistead, Samuel G., *El romancero judeo-español en el Archivo Menéndez Pidal*. Madrid: Seminario Menéndez Pidal.

Armistead, Samuel G. y Joseph H. Silverman. *Tres calas en el romancero sefardí*. Madrid: Editorial Castalia, 1979.

Armistead, Samuel G. y Joseph H. Silverman, *Romances judeo-españoles de Tánger*. Recogidos por Zarita Nahón. Madrid: Seminario Menéndez Pidal, 1977.

Bayo, Ciro, *Romancerillo del Plata*. Madrid: Librería General de Victoriano Suárez, 1913.

Bénichou, Paul, *Romancero judeo-español de Marruecos*. Madrid: Editorial Castalia, 1968.

Bergua, J., *Romancero español*. Madrid: Ediciones Ibéricas, s. a.

Caro Baroja, Julio, *Romances de ciego*. Madrid: Editorial Taurus, 1966.

Caro Baroja, Julio, *Pliegos de cordel*, (Edición a su cargo) 1969.

Catalán, Diego, *La flor de la marañuela*. Madrid: Editorial Gredos, 1969.

Cossío, José María, y Tomás Maza Solano, *Romancero popular de La Montaña*. Santander: Sociedad Menéndez Pelayo, 1933.

Díaz, Joaquín, *Temas del Romancero en Castilla y León*. Ayuntamiento de Valladolid, 1980.

Díaz, Luis, "Evolución tradicional de un romance carolingio. 'El Conde Claros,'". *Cuadernos de Investigación Filológica*, t. IV, Logroño, 1979.

Durán, Agustín, *Romancero general*. ("Biblioteca de Autores Españoles," t. X y XVI) Madrid, 1882.

Espinosa, Aurelio Macedonio, *El romancero español*. Madrid, Biblioteca General de Victoriano Suárez, 1931.

Feito, José Manuel, "Romances de la tierra somedana." *Boletín del Instituto de Estudios Asturianos*, separatas 34 y 36, Oviedo, 1958-1959.

Galmés, Alvaro, *Romancero asturiano*. Asturias: Ayalga Ediciones (Salinas), 1976.

Gil, Bonifacio, *Romances populares de Extremadura*. Badajoz, 1944.

Hernández Rivadulla, V., *Romancero gallego* El Español, 1945.

Larrea, Arcadio de, *Cancionero judío del norte de Marruecos*. Madrid: Instituto de Estudios Africanos, 1952.

Menéndez Pelayo, Marcelino, *Antología de poetas líricos castellanos*, vol. IX. Madrid, C. S. I. C., 1945.

Menéndez Pidal, Gonzalo, *Romancero español*. Barcelona, Editorial Exito, 1968.

Menéndez Pidal, Juan, *Poesía popular. Colección de los viejos romances que se cantan por los asturianos*. Madrid, 1885.

Menéndez Pidal, Ramón, *Flor nueva de romances viejos.* Madrid: Revista de Archivos, 1933.

Menéndez Pidal, Ramón, *Romancero tradicional.* Madrid: Editorial Gredos, 11 volúmenes, 1971-1980.

Menéndez Pidal, Ramón, *Los romances de América.* Madrid, Colección Austral, 1939.

Molist, Esteban, *Romancero castellano.* Barcelona, 1968.

Nucio, Martín, *Cancionero de Romances. Anvers, 1550.* Reedición de Rodríguez Moñino. Madrid, Editorial Castalia.

Rodríguez, Lucas, *Romancero historiado, 1582.* Reedición de Rodríguez Moñino. Madrid, Editorial Castalia.

Rodríguez Moñino, Antonio, *Manual de cancioneros y romanceros del siglo XVI.* Madrid, Editorial Castalia, 1973.

Rodríguez Moñino, Antonio, *Diccionario de pliegos sueltos poéticos del siglo XVI.* Madrid, Editorial Castalia, 1970.

Romances. (Colección de pliegos sueltos de la Biblioteca Nacional de Madrid, U-9497.)

Romances populares. (1. Colección de pliegos sueltos de la Biblioteca Nacional de Madrid, R-18956.)

Romances populares. (2. Colección de pliegos sueltos de la Biblioteca Nacional de Madrid, R-18957.)

Sancha, J., *Romancero y cancionero sagrados.* "Biblioteca de Autores Españoles," t. XXXV. Madrid.

Santullano, L., *Romancero español.* Madrid, Aguilar, 1930.

Sepúlveda, Lorenzo de, *Cancionero de romances. Sevilla, 1584.* Reedición de Rodríguez Moñino. Madrid, Editorial Castalia, 1967.

Solalinde, A. G., *Cien romances escogidos.* Madrid, s. a.

Thomas, H., *Trece romances españoles impresos en Burgos existentes en el British Museum*. Barcelona, 1931.

Tortajada, Damián L. de, *Floresta de varios romances*. Reedición. Madrid, Editorial Castalia.

Valdivieso, *Romancero espiritual*. Madrid, 1880.

Wolf, Federico, *Primavera y flor de romances*. Reedición de Menéndez Pelayo con notas en su *Antología de poetas líricos castellanos*.

CANCIONEROS

(En este apartado citamos obras que incluyen romances aunque no estén dedicadas en exclusiva al género.)

Alcázar, Ignacio, *Colección de cantos populares*. Madrid, Antonio Aleu, 1910.

Alvar, Manuel, *Endechas judeo-españolas*. Madrid, C. S. I. C, 1969.

Alvar, Manuel, *Cantos de boda judeo-españoles*. Madrid, C. S. I. C., 1971.

Antonio, José, *Colección de cantos populares burgaleses*. Madrid, Unión Musical Española, 1980.

Aragonés Subero, Antonio, *Danzas, rondas y música popular de Guadalajara*. Diputación Provincial de Guadalajara, 1973.

Asenjo Barbieri, Francisco, *Cancionero musical español de los siglos XV y XVI*. Madrid, Real Academia de Bellas Artes de San Fernando.

Azkue, Resurrección María, *Cancionero popular vasco*. Biblioteca de la Gran Enciclopedia Vasca. Bilbao, 1968.

Capdevielle, Angela, *Cancionero de Cáceres y su provincia*. Cáceres, Diputación Provincial, 1969.

Córdova y Oña, Sixto, *Cancionero popular de la provincia de Santander*. Santander, 1948, 1949, 1952 y 1955.

Díaz, Joaquín y Luis Díaz y J. D. Val, *Catálogo folklórico de la Provincia de Valladolid*. 4 vol. Valladolid, Institución Cultural Simancas, 1978-1980.

Díaz Plaja, Guillermo, *Aportación al cancionero judeo-español del Mediterráneo oriental*. 1934.

Domínguez Berrueta, Mariano, *Del cancionero leonés*. León, Imprenta Provincial de León, 1971.

Echevarría Bravo, Pedro, *Cancionero musical manchego*. Madrid, C. S. I. C., 1951.

Fernández Núñez, Manuel, *Folklore leonés*. Madrid, Imprenta del Asilo de Huérfanos del Sagrado Corazón de Jesús, 1931.

García Matos, Manuel, *Cancionero popular de la provincia de Madrid.*, 3 vol., Madrid, C. S. I. C., 1951.

Gil, Bonifacio, *Cancionero infantil*. Madrid, Taurus, 1964.

Gil, Bonifacio, *Cancionero popular de Extremadura*. Badajoz, Diputación Provincial, 1956,1961.

Hergueta, Domingo, *Folklore burgalés*, Burgos, Diputación Provincial, 1934.

Lafuente Alcántara, Emilio, *Cancionero popular*. 2 vol. Madrid, Bailly-Bailliere, 1865.

Ledesma, Dámaso, *Cancionero salmantino*, Salamanca, Diputación Provincial, 1971.

Llano, Aurelio de, *Esfoyaza de cantares asturianos.* Biblioteca Popular Asturiana. Oviedo, 1977.

Marazuela Albornos, Agapito, *Cancionero segoviano.* Segovia, Jefatura Provincial del Movimiento, 1964.

Martínez Torner, Eduardo, *Cancionero musical de la lírica popular asturiana.* Oviedo, Instituto de Estudios Asturianos, 1971.

Mingote, Angel, *Cancionero musical de la provincia de Zaragoza.* Zaragoza, Diputación Provincial, 1967.

Nigra, Constantino, *Canti popolari del Piemonte.* Torino, Ermanno Loescher, 1888.

Olmeda, Federico, *Folklore de Burgos.* Burgos, Diputación Provincial, 1975.

Pedrell, Felipe, *Cancionero musical popular español.* Barcelona, Editorial Boileau, 1958.

Pedrell, Felipe, *Estudio sobre una fuente de folklore musical castellano del siglo XVI.* "Lírica nacionalizada." París, Librería Ollendorf.

Pérez Ballesteros, José, *Cancionero popular gallego.* Madrid, Akal Editorial, 1979.

Rodríguez Moñino, Antonio, *Diccionario geográfico popular de Extremadura.* Badajoz, Diputación Provincial, 1958.

Sánchez Fraile, Aníbal, *Nuevo cancionero salmantino.* Salamanca, Imprenta Provincial, 1943.

Seguí, Salvador, *Cancionero musical de la provincia de Alicante.* Diputación Provincial, 1973.

Torres, María de los Dolores de, *Cancionero popular de Jaén.* Jaén, Instituto de Estudios Giennenses, 1972.

TEORIA ROMANCISTICA Y FOLKLORICA

Aguilar Piñal, Francisco, *Romancero popular del siglo XVIII*. Madrid, C. S. I. C., 1972.

Alvar, Manuel, *El romancero viejo y tradicional*. México, Porrúa, 1971.

Alvar, Manuel, *Romances en pliegos de cordel (s. XVIII)*. Málaga, Excmo Ayuntamiento, 1971.

Alvar, Manuel, *El Romancero. Tradicionalidad y pervivencia*. Barcelona, Editorial Planeta, 1971.

Alvar, Manuel, *Atlas lingüístico y etnográfico de Andalucía*. Granada, 1970.

Alvar, Manuel, *Textos hispánicos dialectales*. Revista de Filología Española, Anejo LXXIII. Madrid, 1960.

Armistead, Samuel G., *Un último eco del romancero sefardí de Bucarest*. México, Centro de Lingüística Hispánica, 1972.

Armistead, Samuel G. y Joseph H. Silverman, "Coplas nuevas. Un romancerillo desconocido de Yacob A. Yoná," *Sefarad*, XXXII, 1972.

Armistead, Samuel G. y Joseph H. Silverman, *El romance de Celinos. Un testimonio del siglo XVI*. Santa Cruz, University of California, 1976.

Asensio, Eugenio, *Poética y realidad en el cancionero peninsular de la Edad Media*. Madrid, Gredos, 1970.

Baldi, Sergio, *Sull concetto di poesia populare*. Leonardo, 1946.

Bénichou, Paul, *Creación poética en el romancero tradicional*. Madrid, Gredos, 1968.

Caro Baroja, Julio, *Ensayo sobre la literatura de cordel*. Madrid, Revista de Occidente, 1971.

Carvalho Neto, Paulo de, *Folklore y psicoanálisis*. México, Editorial Mortiz, 1953.

Catalán, Diego, *Análisis electrónico de la creación poética oral*. University of California, S. D. y C. S. M. P. de la Universidad de Madrid.

Catalán, Diego, *Por Campos del Romancero*, Madrid, Gredos, 1970.

Catalán, Diego, *Siete siglos de romancero*. Madrid, Gredos, 1969.

Catalán, Diego, y Alvaro Galmés, *Cómo vive un romance. Dos ensayos sobre tradicionalidad*. Revista de Filología Española, Anejo LX, Madrid, 1954.

Catalán, Diego, y Alvaro Galmés, "El tema de la boda estorbada: Proceso de tradicionalización de un romance juglaresco." *Vox romanica*, XIII, 1953.

Cortázar, Augusto Raúl, *Folklore y literatura*. Buenos Aires, EUBA, 1964.

Di Stefano, Giuseppe, "Il pliego suelto cinquencentesco e il Romancero," *Studi di Filologia Romanza*, Padua, 1971.

García Blanco, Manuel, *El Romancero*. Historia general de las literaturas hispánicas. Vergara, 1968.

García Blanco, Manuel, "Unos romances del siglo XVIII prohibidos por la Inquisición," *Revista de Filología Española* XXVIII, Madrid, 1944.

García de Enterría, María Cruz, *Sociedad y poesía de cordel en el barroco*. Madrid, Taurus, 1973.

Gil, Bonifacio, *La fama de Madrid*. Madrid, 1958.

Larrea Palacín, Arcadio de, *El folklore y la escuela*. Madrid, C. S. I. C., 1958.

Llano, Aurelio de, *El folklore asturiano*. Oviedo, IDEA, 1972.

Magis, Carlos H., *La lírica popular contemporánea*. México, El Colegio de México, 1969.

Manrique, G., "Castilla, sus danzas y canciones," *Revista de dialectología y tradiciones populares*, V, 1949.

Martínez Torner, Eduardo, *El folklore en la escuela*. Buenos Aires, Losada, 1965.

Martínez Torner, Eduardo, *Lírica hispánica*, Madrid, Castalia, 1966.

Menéndez Pidal, Ramón, *Estudios sobre el romancero*. Madrid, Espasa, 1973.

Menéndez Pidal, Ramón, *Romancero Hispánico*. 2 vol. Madrid, Espasa-Calpe, 1953.

Menéndez Pidal, Ramón, "Supervivencia del poema de Kudrun," *Revista de Filologia Española*, XX, 1933.

Milá y Fontanals, Manuel, *De la poesía heroico popular castellana*. 1874.

Nascimento, Braulio do, "As sequencias temáticas no romance tradicional," *Revista Brasileira de Folklore*, Rio de Janeiro, 1971.

Nascimento, Braulio do, "Processos de variação de romance," *Revista Brasileira de Folklore*, Rio de Janeiro, 1964.

Rajna, Pio, "Osservazioni e dubbi concernenti la storia delle romance spagnuole," *Romanic Review*, 1915.

Río, Justo del, *Danzas típicas burgalesas*. Burgos, 1975.

Sánchez Romeralo, Antonio, *El villancico. (Estudios sobre la lírica popular en los siglos XV y XVI)*. Madrid, Gredos, 1969.

Sánchez Romeralo, Antonio, *El romancero hoy. Nuevas fronteras.* Madrid, 1979.

Varios autores, *El romancero oral.* Madrid, Seminario Menéndez Pidal, 1971.

Varios autores, *Folklore y costumbres de España,* Barcelona, Editorial Alberto Martín, 1932.

INDICE

Ysopete-Zaragoza, 1489

hic liber confectus est

Madisoni .mcmlxxxii.